Riddles of Existence
A Guided Tour of Metaphysics (2nd Edition)

存在之谜
形而上学导论

[美] Earl Conee, Theodore Sider 著

焦卫华 译

中国轻工业出版社

图书在版编目（CIP）数据

存在之谜：形而上学导论 /（美）厄尔·康尼（Earl Conee），（美）西奥多·赛德（Theodore Sider）著；焦卫华译. —北京：中国轻工业出版社, 2021.5

书名原文：Riddles of Existence: A Guided Tour of Metaphysics: 2nd Edition

ISBN 978-7-5184-3406-0

Ⅰ.①存… Ⅱ.①厄… ②西… ③焦… Ⅲ.①形而上学–研究 Ⅳ.①B081.1

中国版本图书馆CIP数据核字（2021）第035337号

版权声明

Riddles of Existence: A Guided Tour of Metaphysics (2nd Edition) was originally published in English in 2014. This translation is published by arrangement with Oxford University Press. Beijing Multi-Million New Era Culture and Media Company, Ltd. is solely responsible for this translation from the original work and Oxford University Press shall have no liability for any errors, omissions or inaccuracies or ambiguities in such translation or for any losses caused by reliance thereon.

总 策 划：石　铁
策划编辑：孔胜楠　　　　责任终审：滕炎福
责任编辑：孔胜楠　　　　责任监印：刘志颖

出版发行：中国轻工业出版社（北京东长安街6号，邮编：100740）
印　　刷：三河市鑫金马印装有限公司
经　　销：各地新华书店
版　　次：2021年5月第1版第1次印刷
开　　本：880×1230　1/32　印张：12.50
字　　数：160千字
书　　号：ISBN 978-7-5184-3406-0　定价：68.00元

读者热线：010-65181109，65262933
发行电话：010-85119832　传真：010-85113293
网　　址：http://www.chlip.com.cn　http://www.wqedu.com
电子信箱：1012305542@qq.com

如发现图书残缺请拨打读者热线联系调换

190328Y1X101ZYW

译 者 序

相对于专业的西方哲学著作，本书浅显易懂，主要面对的是对哲学感兴趣的普通读者和致力于哲学研究的初学者。全书重点讨论了 10 个主要的形而上学问题，包括人格同一性、宿命论、时间、上帝、无、自由意志与决定论、物质构成、共相、可能性与必然性、伦理形而上学；另外，还讨论了形而上学本身和元形而上学两个问题。

本书有两大鲜明的特点。首先，在展开主题的方式上，与一般以介绍主要内容为主的哲学导论不同，本书以展开各方观点之间争议的方式介绍各个形而上学问题，讨论了每个问题的缘起、比较了各方观点之间的优劣以及各自遗留的尚待解决的问题，读起来引人入胜，也能让我们较为容易地把握各个形而上学问题的"地形图"。其次，本书的目的不是试图告诉我们关于形而上学的各种理论和知识，而是为了一步步引导我们进入到哲学思辨中，因此，在行文风格上，作者运用了许多常见的例子来引导我们思考和进入艰涩的哲学问题。这使得它对形而上学问题的介绍既妙趣横生，又不缺乏深度。

总之，对于哲学初学者来说，本书是一本非常理想的选择，而对那些读完本书后意犹未尽、想进一步研究某个形而上学问题的读者，每章最后也列出了一些相关问题的阅读书目，为进一步展开研究提供了便利。

本书作者虽然是美国大学的两位专业哲学教授，但他们使用了比较通俗易懂的语言，因此译者翻译起来也较为容易。不过，仍然会有极个别专业哲学术语会让译者觉得无从下手，比如"personal identity"。该术语常见的意思是"个人身份"，通常译作"身份认同"，但在哲学中，它探讨的不是人的社会身份问题，而是个人在变化中的抽象同一性，所以通常译作"人格同一性"或"自我同一性"，也有人译作"个人同一性"。这些译法对原术语的含义各有取舍，都有可取之处，译者在此选取了哲学领域中比较常见的译法"人格同一性"。

在翻译本书的过程中，译者曾得到李胜辉、杨红玉等学友的热情帮助，在此一并向他们表示衷心的感谢。此外，本书的翻译虽然数易其稿，但由于译者水平有限，疏漏之处在所难免，敬请广大读者批评指正。

译者

2020 年 11 月

新 版 序

第二版对形而上学的讨论比第一版更多。在过去的一个世纪里,许多哲学家一直在努力思考伦理评价真正是关于什么的(如果有);在过去的几十年中,许多哲学家一直在努力思考形而上学的研究要实现的目标(如果有)。第二版包含了两个新的章节:"伦理形而上学"(厄尔·康尼)和"元形而上学"(西奥多·赛德),它们对这些激动人心的问题给予了友善的批判性介绍和关注,引导我们找到答案。

献给我们的老师

目 录

导　言 / 1

第一章　人格同一性 / 9

　　人格同一性概念 / 10

　　灵魂 / 15

　　时空连续性与王子和鞋匠的例子 / 17

　　心理连续性与复本问题 / 22

　　解决复本问题的极端方案 / 28

第二章　宿命论 / 33

　　引言 / 34

　　海战论证 / 37

　　过去预测论证 / 47

必要条件论证 / 52

上帝知情论证 / 59

最后的说明 / 63

第三章　时间 / 67

时间的流逝 / 68

时空理论 / 72

对时空理论的异议：变化、运动与原因 / 79

第四章　上帝 / 95

让一切开始论证 / 97

设计世界论证 / 107

从概念上获得保证的上帝 / 120

总结 / 130

第五章　为何不是无？ / 133

引言 / 134

问题是什么？ / 135

我们理解问题了吗？ / 137

必然论 / 139

　　　　神圣必然论 / 141

　　　　对必然存在者的本体论论证 / 143

　　　　非神圣必然论 / 154

　　　　最小偶然性 / 157

　　　　人择解释 / 158

　　　　神圣解释 / 159

　　　　倾向性解释 / 162

　　　　统计学解释 / 165

　　　　结论 / 169

第六章　自由意志与决定论 / 171

　　　　问题 / 172

　　　　强决定论 / 179

　　　　自由意志论 / 181

　　　　插曲：量子力学 / 186

　　　　相容论 / 190

第七章　构成 / 203

　　　　构成悖论 / 204

　　　　构成悖论的一些假设 / 207

"仅是物质"理论 / 208

接管理论 / 211

虚无主义 / 216

同居理论 / 220

四维主义 / 222

第八章 共相 / 231

引言 / 232

支持的理由 / 234

质疑 / 238

质疑的最终根据 / 248

其他可选路径 / 254

结论 / 270

第九章 可能性与必然性 / 273

可能性与必然性问题 / 274

自然的可能性与必然性 / 279

绝对的可能性与必然性 / 287

第十章　伦理形而上学 / 297

　　对与错 / 298

　　实在论 / 301

　　自然主义 / 303

　　非-自然主义 / 314

　　新自然主义 / 321

　　情感涉入困境 / 325

　　情感主义 / 327

　　错误论 / 335

　　结论 / 341

第十一章　何为形而上学？/ 343

　　　引言 / 344

　　　作为存在的存在 / 345

　　　第一原理 / 348

　　　表象与终极实在 / 349

　　　终极解释 / 351

　　　基本的必然性与可能性 / 353

　　　总结 / 356

　　　最后的问题 / 356

第十二章　元形而上学 / 359

　　　　　为何关注？/ 361

　　　　　如何知道？/ 363

　　　　　有何不同？/ 371

　　　　　结论 / 379

致　谢 / 383

导　言

　　你现在面临一个选择。你会不会继续读这本书？花点时间，做个决定吧……好，时间到，你的决定是什么？

　　如果你读到了这个句子，你的决定肯定是"会"。现在回想你的决定，这是一个自由的决定吗？你是否本来可以放下这本书？还是说，你必须接着读？

　　你当然本来可以放下这本书；你的选择当然是自由的，因为我们人有自由意志。

　　别太着急得出结论。我们人类是由物质，也就是由科学所研究的那些微小粒子构成的。而科学，尤其是物理学发现了一些自然规律，这些自然规律具体解释了这些粒子必须向何处移动。如果作用于这些粒子的力存在，你的身体刚才就不得不按照它运动的方式移动，因此你必须继续读这本书的行为是力的作用的结果。这样一来，怎么能说你的决定是自由的呢？

这就是自由意志问题。它是一个棘手的问题。我们都相信我们有自由意志，而同时也相信，科学规律支配着构成我们身体的物质，并决定了我们下一步将要做什么。那么，我们到底有自由意志吗？本书第六章深入讨论了这个问题，并给出了一个确定的答案。但对我们来说，你是否接受我们的答案并不那么重要。我们真正希望的是，你能认识到这种问题的重要性，并能自己提出合乎逻辑的想法。

就像其他大多数形而上学问题一样，努力解决自由意志问题不需要任何专业知识。自由意志与科学之间的冲突就在我们已知的东西中。哲学教给我们的是，如何以一种异乎寻常地审慎和深入的方式对我们已知的知识进行反思。而真正让人惊诧的，是从这种反思中产生出什么样的问题。

自由意志问题仅仅是形而上学问题中的一个例子。宽泛而笼统地说，形而上学处理的是关于实在本质的一些根本问题。实在的基本构成要素是什么？它们的最终本质是什么？实在本来可以不同的吗？人如何被纳入实在之中？甚至，为何实在包括了所有的东西？

学院和大学的哲学家们教授形而上学，撰写与之相关的著作。他们追问关于人生、意义和世界的一些深奥问题。而书店里也有名为"形而上学"或"形而上学研究"的一个很大区域，那里摆放着那些关于人生、意义和世界的深奥问题的图书。不过，书店里的这些图书几乎都不是专业哲学家所著。为什么会这样？

这主要是由于大部分哲学家所写的东西太过技术化和专业化。这种状况令人尴尬。哲学是激动人心的，也非常重要，它可以被任何人理解。或许这种状况也有其他原因：专业哲学家试图在自己的著作中尽量保持理性，他们对彼此的观点进行无情的批判以追求真理，以至导致了各种争论，而不是走向让人平静的确定性，这为某些人所不喜。这种情形也让人感到羞愧。因为这些哲学争议非常有趣，极具启发作用。哲学是一种智性的追问，它由严格的准则所支配，这些准则用来帮助我们弄明白什么是真正的真理。

本书是为谁而作的？

这本书写给那些任何有兴趣了解形而上学的人。我们不假定读者有任何哲学背景。读懂这本书不需要任何补充性阅读或教师的指导。

作为一本教科书，这本书可以被灵活地使用。它章节简短，这些章节可以被分开单独使用。本书的开篇是最容易理解的章节；除此之外，顺序的安排没有什么重要意义。在哲学导论课上，关于形而上学的这一部分可能要用到本书两章到三章的内容。而在形而上学课程中，可以使用其中的任何一章或者全部章节。

本书是谁写的？

本书由两位哲学教授撰写，我们每人写了六章。尽管我们对书中所有章节都进行了通力合作，但我们也没有让这本书读起来像是一个作者的作品。我们希望这种风格的不同所产生的变奏，会有一种令人愉悦和刺激的感觉。

本书是关于什么的？

本书前十章讨论形而上学的主要问题，最后两章讨论形而上学的本质。每一章讨论的问题都是有选择性的。其目的是严肃地看待这些话题，而不是详尽无疑地论述它们，也不是为了让读者读得筋疲力竭。在每一章的结尾都有一个建议读者深度阅读的简要书目。

第一章 人格同一性（西奥多·赛德）

回想一下你过去的十年或二十年。现在的你和以前的你相比没有什么共同之处。你的样子不同了，你的想法不同了，而现在组成你的物质也几乎完全不同了。那么为何那个人还是你？是什么让人尽管发生如此巨大的变化，却依然随着时间的流逝保持同一？

第二章 宿命论（厄尔·康尼）

宿命论声称，任何事物如此这般都是命中注定。为什么人们会相信宿命论？几个世纪以来，有很多引人入胜的争论都支持这个观点。我们将探讨这些论证在何种程度上是有效的。

第三章 时间（西奥多·赛德）

在你真正开始思考时间之前，时间看起来似乎一直是世界上最为平常的东西。时间流逝吗？如果它是流逝的，那么这是什么意思？它流逝得有多快？人能逆流穿越到过去的时间中吗？

第四章 上帝（厄尔·康尼）

上帝存在吗？有人说存在；他们需要证明它。我们将考察他们提出的一些证明。

第五章 为何不是无？（厄尔·康尼）

为什么是有物存在而不是一无所有？甚至，我们能理解这个问题吗？如果能，可能会有什么样的回答？

第六章 自由意志与决定论（西奥多·赛德）

我们都相信自己是按照自己的选择来自由行动的。但科学事业的目的是发现事物背后的原因。假定科学有杰出的业绩，那么推测有一天我们将发现人类行为的原因，这是很合理的。但是，如果我们的行为是由科学可以预测和控制的事物所导致的，我们怎么会有自由意志呢？

第七章 构成（西奥多·赛德）

"如果你手里拿着一个雕塑，你实际上拿着两个物理对象，一个塑像和一块黏土。因为如果你将雕塑压扁，塑像被毁坏了，而那块黏土依然继续存在。"这个论证似乎给出了一个十分奇怪的结论：两个不同的物体可以共同占据同一个位置空间。这可能是正确的吗？如果不是，这个论证错在哪里？

第八章 共相（厄尔·康尼）

任何两个红苹果都会有许多相似之处。最为明显的是，每一个都是红色的而且是一个苹果。有些哲学家说，苹果们共同具有的东西就是共相，比如红性（redness）和苹果性（applehood）。共相是十分奇怪的实体。比如，红性可以同时出现在成千上万个场所：任何红色的对象出现的地方都有红性本身在那里。这些共相真的存在吗？

第九章 可能性与必然性（西奥多·赛德）

所有的真理，其真的程度并不相同。迈克尔·乔丹（Michael Jordan）是一位伟大的篮球运动员，这是真的；所有的单身汉都是未婚的，这也是真的。尽管它们每一个都是真理，但它们之间存在巨大的不同。第一个真理有可能本来是错误的：乔丹可能本来决定永远不打篮球。但第二个真理却不可能本来为假：因为单身汉必须是未婚的。是什么让这些真理如此不同呢？

第十章 伦理形而上学（厄尔·康尼）

道德判断对我们来说十分重要。但当我们说诸如"他是一个好人"或"那样的做法是错误的"这些事情时，我们是在谈论这些人或行为真正所是的方式吗？如果是，在这个世界上存在的那些方式是什么呢？如果不是，我们是在做什么呢？

第十一章　何为形而上学？（厄尔·康尼）

读完前 10 章中的 10 个形而上学问题之后，你可能希望对什么是形而上学有一个清晰的观念。然而，在每个形而上学论题中找出一个统一的共同特征是异常困难的。由此，我们考察了关于形而上学自身本性的一些观点。

第十二章　元形而上学（西奥多·赛德）

有时候，深吸一口气，后退一步，思考一下你正在做的事情是很有益的。就形而上学来说，这样做将把我们引向这样的问题：为什么人们关注形而上学？我们能知道形而上学真理吗？形而上学真的像它所声称的那样，是关于实在的真理吗？或者它只是一场用语言精心策划的游戏？

第一章

人格同一性

人格同一性概念

在法庭审判谋杀案时,你决定为自己辩护。你说,你不是杀人犯;杀人犯是一个与你不同的人。法官要求你提供证词。你有一个满脸络腮胡的入侵者的照片吗?难道你的指纹和谋杀者使用的凶器上的指纹不一致吗?你能表明这个凶手是左利手吗?不,你说你没有这些,你的辩护十分与众不同。下面是你的最终陈词:

我承认凶手和我一样惯用右手,他和我有同样的指纹,和我一样不留胡子。甚至他在由辩方呈上的监控摄像头拍到的照片中看起来也和我一样。不,我没有双胞胎兄弟。事实上,我承认我记得进行了谋杀!但是,因为我已经变了,因此杀人犯与我不是同一个人。过去那个人最喜欢的摇滚乐队是齐柏林飞艇乐队（Led Zeppelin）；现在，我最喜欢的歌手是托德·朗德格伦（Todd Rundgren）。过去的那个人有阑尾，而我没有；我的阑尾上周已经切除了。过去的那个人25岁，而我30岁了。我与五年前的凶手不是同一个人了。因此，你们不能惩罚我，因为没有人会因别的某人犯下的罪行而承担罪责。

显而易见，没有任何法庭会接受这一辩解。可是，它错在哪儿呢？不管是在身体上或心理上，当某人发生了变化，他就"不是同一个人了"，这难道不是真的吗？

是的，这是真的，但是，"同一个人"这个短语的含义是模糊不清的。我们可以有两种方式说一个人和另一个人是同一个人。当一个人改变宗教信仰或者剃度为僧后，他就和以前不相同（dissimilar）了。我们可以说，从质上（qualitatively）来说，他没有保持与原先的人是同一个人。因此，在某种意义上，他不是"同一个人"了。但是，从另一种意义上说，他是同一个人：没有其他人取代他的位置。第二种相同被称为数量上的（numerical）相同，因为它是数学陈述如"2+2=4"中的等号所表示的那类相同：表达式"2+2"和"4"代表的是同一个数字。与婴儿时的你相比,尽管你在质上非常不同了,但在数量上你是同一个人。你在法庭上的总结陈词混淆了两种类型的相同性(sameness)。你确实在犯罪后已经变了:你在质上不同了。但在数量上,你与凶手是同一个人;没有其他人杀害遇害人。"没有人会因别的某人犯下的罪行而承担罪责"这个论断确实为真。但是,在这里,"别的某人"指的是在数量上与你不同的人。

数量上相同这个概念在人类事务中非常重要。它致使我们相信我们能惩罚谁,因为惩罚任何在数量上与作恶之人不同的人都是不公正的。它在诸如期待、后悔、悔恨等情绪中也起着关键作用。你能感受到由于自己犯错而产生的后悔或悔恨,却不能感受到他人因犯错而产生的相同种类的后悔或悔恨。不管在质上你可能与他人多么相似,你都不能预感他人的快乐经验。到底是什么使得人在时间的流逝中跨越时间保持数量上的相同,这个问题就是哲学家们所说的人格同一性(personal identity)问题。

人格同一性问题可以用一个例子戏剧化地表现出来。设想你对未来将会是什么样的这件事十分好奇。有一天,你碰到了心情愉悦的上帝,他承诺带你回到你死后 500 年的尘世中,这样你就能体验一下未来。不难理解,一开始你很兴奋,然而,接下来,你开始心存疑虑。上帝如何确定在未来的那个人就是你?距离现在 500 年过去了,而你本来将会是已死的人,你的身体也会已经腐烂。那时,现在组成你的物质也将随风飞散到地面。上帝能轻而易举地使用新物质创造出一个与你相似的新人来,但这并不能令你感到慰藉。因为你想要的是你自己存在于未来;一个仅仅与你相似的某人是行不通的。

这个例子很生动地说明了人格同一性问题,但要注意的是,在时间流逝中的日常变化也会引起同样的问题。看着你婴儿时期的照片,你会说"那就是我"。但那个婴儿为什么是你?是什么使得你中间这些年经历了所有变化,却依然与那个婴儿是同一个人?

(除了人的同一性之外,哲学家也反思跨越时间的物体的同一性;他们反思是什么使得一个电子、一棵树、一辆自行车或一个国家在一个时期内与在另一个时期内是相同的。这些物体引起了许多像人格问题一样的问题,也产生了一些新问题。但人格的问题尤其令人着迷。一方面,只有人格同一性问题才与诸如后悔或悔恨之类的情绪相关。另一方面,我们是人,具有人格,我们对自己怀有独特的兴趣,这是非常自然的。)

那么上帝如何能够使未来的你是你?如前所述,用新物质重造一个在物理上与你相似的人是不够的。那只是一种质上的相似。使用与你相同的物质来重造一个你能行得通吗？上帝可能会把那些现在构成你的身体，但之后将飞散到地面的所有质子、中子和电子聚集起来构成一个人。而且由于构造方法良好，他甚至可以使得这个新人看起来与你相似。但是，那将不会是你，而是一个用你的原有的物质制造出来的新人。如果你不同意这个结论，那么考虑一下下述情形。先不说未来；你怎么知道，现在构成你的身体的物质在几千年以前不是另一个人身体的组成部分呢？所有构成某个希腊政治家的物质经过生物圈的循环来到了你的身体里，这虽然几乎不可能为真，但却是可能发生的。显然，这种情况不会使你和那个政治家在数量上是同一个人。你不应该因他的罪行而被惩罚，你也不会因他的恶行而悔恨。因此，物质相同对于确定人格同一性是不充分的。

物质相同对于确定人格同一性也是不必要的。至少，物质上完全相同对确定人格同一性是不必要的。在物质方面，人每时每刻都在逐渐变化。他们进食和排泄、剪头发、皮屑脱落，有时候，他们会有新的皮肤或其他物质移植或植入到他们身体上。实际上，正常进食和排泄的过程几乎使得人体内全部物质每隔几年就循环一次。因此，人格同一性并不受物质相同的束缚。那么，它受制于什么呢？

灵　魂

有哲学家和宗教思想家回答说，受制于灵魂（soul）。一个人的灵魂是他的精神本质，是思想和感觉发生于其中的一个非物理实体。在身体所有方式的物理变化中，灵魂贯穿其中，却一直未受任何损害，甚至，在经历了身体的全部消亡之后，它依然幸存下来。正是你的灵魂使得你是你。照片中的婴儿是你，正是因为现在居住在你身体中的灵魂与那时居住在那个婴儿身体中的灵魂恰好是同一个灵魂。因此，上帝可以通过制造一个新的身体然后将你的灵魂注入其中来让你返回到未来的生活中。

对于哲学上许多跨越时间的同一性的困惑，灵魂似乎都可以提供迅速的解答，只是我们没有充足的理由相信灵魂的存在。过去，哲学家们常常认为，因为思想和感情看起来不像是物理的身体的一部分，因此我们必须假定灵魂存在以解释思想和感情的存在。但是，这种理由的效力被当代科学逐渐削弱。人类早就知道身体的一部分——大脑——专门与心理状态相关联。甚至在当代神经科学出现之前，我们就知道头部伤害会导致心理创伤。现在，我们获悉了大脑的一小块儿特定区域与特定的心理效应之间是如何相关的。尽管我们还远远不能在心理状态和大脑状态之间建立一种充分的关联，但是我们已经知道那种关联的存在是一个合理的假设，这已经是我们所获得的一大充分进展。因此，得出结论说心理状态自身居住在大脑之中，而灵魂不存在，这似乎是合乎情理的。当然，这并不是说脑科学反驳了灵魂，证明灵魂是虚假的；因为即使大脑和心理状态完美地相互关联，灵魂也可能存在。但是，如果物理大脑单独解释了心理状态，我们就不需要再去另外假定灵魂的存在了。

另外，承认灵魂存在的理论家很难解释灵魂是如何设法思考的。相信大脑的理论家是这样开始解释的：大脑包含了数十亿的神经元，它们之间令人难以置信的复杂相互作用产生了思想。没有人知道这是如何运作的，但神经科学家至少开了个好头。而相信灵魂的理论家没有与之相当的说法，因为灵魂理论家大都相信灵魂没有小的部分。灵魂不是由亿万个微小而零星的灵魂粒子构成的。(如果它们是由灵魂粒子构成的，它们就不能再为哲学上跨越时间的同一性难题提供一个迅速的解答。因为如果是这样，灵魂理论家将会面临与其余的我们一样面临的哲学难题。例如，是什么使得在时间流逝中的灵魂在其灵魂粒子的不断变化中还能保持自身同一？）但是，如果灵魂没有微小而零星的灵魂粒子，它们就没有任何像神经元那样的东西来帮助它们做事情从而产生思想。那么，灵魂如何思考呢？

时空连续性与王子和鞋匠的例子

暂且不提灵魂，让我们回过头来看看科学理论，科学将自然现象作为人格同一性的基础。这种理论运用了时空连续性（spatiotemporal continuity）概念。考虑一下无生命的物体如棒球在时间流逝中的同一性。一个投球手手持一个棒球开始投球，片刻之后，一个棒球出现在了接球手的棒球手套里。那么这是同一个棒球吗？我们对这个问题会如何做出决定？如果我们的眼睛一直盯着棒球，我们就可以毫不费力地做出决定。一个连续的系列（continuous series）——一系列时空位置容纳了一个棒球，最初是在投球手的手里，后来是在时空的位置之中，最终的位置是在接球手的棒球手套中——这使得我们相信，接球手手中的棒球与投球手手中的棒球是同一个棒球。如果我们观察不到那样的连续系列，我们就有可能怀疑这个棒球跟原来的不同。不过，我们通常不需要用这样的方法来确定一个人在时间流逝中的同一性，因为大部分人看起来与他人互不相同。但在处理一模一样的双胞胎的例子时，这种方法可能会派上用场。想知道监狱牢房里关的是比利·鲍勃（Billy Bob）还是博比·比尔（Bobby Bill）？那就先要整合一下来自监控录像的或信息提供人的信息。然后，根据这个信息往后追溯，看看这个被关在监狱的人身上过去持续发生的一连串的事情，看看是哪个双胞胎兄弟做了这些事情。

　　大家都同意，时空连续性是确认人格同一性合理而实用的指南。但是，作为哲学家，我们想知道的比这个要多得多。我们想要找到人格同一性的本质（essence）；我们想知道的是，什么是具有人格同一性，而不仅仅是当人格同一性出现时如何识别它。如果你想知道一个男人是不是单身汉，查看一下他的公寓是不是很乱是一个合适的实用性指南；如果你想告诉别人一块金属是不是金子，用眼睛看和用天平称重十有八九会得出正确的答案。但是，公寓很乱不是成为单身汉的本质，因为有些单身汉很爱整洁。有一定的重量和有特定的外观也不是金子的本质，因为一块金属尽管有可能（从所有外观上）看起来像是金子，但实际上却不是金子。（想一想愚人的金子。）单身汉的真正的本质是未婚的男人；而金子的真正的本质是原子序数为79。因此，在所有可能的情形下，只要是单身汉，就不可能不是未婚的男人；在所有可能的情形下，只要是金子，其原子序数都不能不是79。对于那些用来查看一个男人是不是单身汉或一块金属是不是金子的实用性指南，我们的要求就是，它们在大部分情况下是有效的，但是，关于本质的哲学陈述必须在所有可能的情形下都有效。时空连续性理论（spatiotemporal continuity theory）声称，时空连续性实际上是人格同一性的本质，而不仅仅是一个合理的实用性指南。在这种理论看来，人格同一性恰恰就是时空连续性。

如果想要这个理论在任何可能的情形下都真正有效，我们必须把它稍微改进一下。设想有人把你抓住并放进一口锅里化成了一锅汤。尽管我们可以追踪到从你到那锅汤的连续系列，但那锅汤不是你。在熔化之后，你已经不再存在了；曾经构成你的物质现在构成了其他东西。因此，我们最好以如下的方式来改进时空连续性理论：当且仅当人格在时空连续性上经历过一系列的人格变化之后，它们在数量上才是同一的。你和那锅汤通过一个连续的系列相关联，这是可以接受的，但这个系列后来的构件是几份汤，而不是人。

对该理论进行更进一步的改进也是可能的（包括表明物质在连续性的系列中的任何变化都必须是逐渐发生的，或者声称这个系列先前的构件是其后来的构件产生的原因)。但是,我们还是继续前进,看看17世纪英国哲学家约翰·洛克(John Locke)提出的一个非常有趣的例子。在洛克的这个例子中,某个王子想知道当一个卑贱的鞋匠会是什么样子的。相反,一个鞋匠梦想着一种变成王子的生活。一天,他们的机会来了:王子的心理与鞋匠的心理整个地进行了互换。鞋匠的身体有了王子的知识、记忆和性格特质;而相应地,王子的心理状态也来到了鞋匠的身体里。洛克自己谈及了灵魂:王子的灵魂和鞋匠的灵魂进行了互换。但是,让我们对这个故事进行改动:假定他们没有进行任何灵魂或物质的转换,这种互换之所以发生,是因为王子的大脑和鞋匠的大脑被一个邪恶的科学家改变了。尽管这令人难以置信,但却并非不可想象。科学告诉我们,心灵状态依赖大脑的神经元排列。从原则上说,这种排列可以变得与另一个大脑的神经元排列非常相似。

在互换之后,鞋匠身体中的人将会记得自己一直是一个王子,也会记得自己想要尝试鞋匠生活的愿望。他会对自己说:"我终于有机会了!"他认为自己是一个王子,而不是鞋匠。而王子身体中的人认为自己是鞋匠,而不是王子。他们的想法对吗?

时空连续性理论表明他们是错误的。时空连续性路径与身体（body）紧密相随；是身体引导最初的王子来到在王子身体中的人格中，也引导最初的鞋匠来到在鞋匠身体中的人格中。因此，如果时空连续性理论是正确的，那么互换之后，鞋匠身体中的人实际上是鞋匠，而不是王子，而王子身体中的人实际上是王子，而不是鞋匠。

洛克对此有不同的看法，他赞同的是王子和鞋匠的观点。如果他是正确的，那么他的思想实验就反驳了时空连续性理论。而对于洛克的立场，这里有一种强有力的辩护。假定王子以前曾犯下过可怕的罪行，他知道心灵互换会发生，希望以此来逃避被起诉。互换之后，罪行被发现了，警卫要来带走犯人。他们对互换的事情一无所知，将在王子身体中的人拖进了监狱，不理会他郑重声明自己是无辜的。而在鞋匠身体中的人（他认为自己是王子）记得自己犯过罪并为他幸免于难而沾沾自喜。这是一个误判！实际上，那个在鞋匠身体里的沾沾自喜的人才应该被惩罚。如果是这样，那么在鞋匠身体中的人就是王子而不是鞋匠，因为一个人只能因他自己犯下的罪行而被惩罚。

心理连续性与复本问题

洛克用王子和鞋匠的例子表明，人格同一性遵循一种不同种类的连续性，即心理连续性（psychological continuity）。根据洛克提出的新理论，即心理连续性理论（psychological continuity theory），如果未来那个人真有过去那个人的记忆、性格特质等，那么那个过去的人在数量上就等同于那个未来的人——而不管过去的人和未来的人之间是否彼此在时空上是连续的。洛克的理论认为，那个在鞋匠的身体中沾沾自喜的人实际上是王子，因为他与王子有同样的心理上的连续性，所以他应该因王子犯下的罪行而被惩罚。就像我们看到的，这看起来似乎是一个正确的判决。然而，洛克的这种理论将面临下述极具吸引力的挑战，这些挑战由 20 世纪英国哲学家伯纳德·威廉斯（Bernard Williams）提出。

我们邪恶的科学家再次出现在这个反驳中，他使得一个现代人查尔斯（Charles）拥有了盖伊·福克斯（Guy Fawkes）的心理状态，福克斯在 1606 年因试图炸毁英国议会而被处以绞刑。当然，我们可能很难说有福克斯心理的查尔斯是不是假冒的，不过，洛克说，如果查尔斯真的拥有了福克斯的心理，那么，查尔斯就是福克斯。到此为止，一切都没问题。

但是现在，我们的科学家执意将这种心理移植也做到了另一个人罗伯特（Robert）身上。对科学家来说，拥有福克斯的心理就是对大脑进行的一种改造；如果它能发生在查尔斯身上，那么它也可以发生在罗伯特身上。现在，洛克的理论遇到了麻烦。查尔斯和罗伯特两人都与福克斯有心理上的连续性。如果人格同一性是心理上的连续性，那么查尔斯和罗伯特两人都将与福克斯的人格相同一。但这是没有意义的，因为它将暗示查尔斯和罗伯特是相互同一的！因为，如果我们知道

$$x = 4$$
$$y = 4$$

那么我们就能推出

$$x = y$$

以同样的方式，如果我们知道

查尔斯＝福克斯

罗伯特＝福克斯

那么我们就可以推出

查尔斯＝罗伯特

但是，断言"查尔斯＝罗伯特"是荒谬的。尽管他们现在在心理上相似（两个人都拥有福克斯的记忆和性格特质），但是他们在数量上是两个不同的人。这就是洛克理论导致的复本问题（duplication problem）：当心理连续性被复制时将会产生何种状况？（或者进行三重复制、四重复制……）

鉴于复本问题的存在，威廉斯选择了时空连续性而不是心理连续性。在我们关注他的理论之前，我们先稍微认真思考一下时空连续性。正如一棵树失去了一根树枝之后依然可以存活一样，一个人失去了特定的部分，甚至一个很大的部分之后依然可以幸存。如果你的腿或胳膊被截掉了，你依然与原来的你是同一个人。然而，失去一部分会导致一种特定量的时空上的不连续性，因为原有空间场域被一个形状已经突然改变的人占据了。因此，为了允许部分改变也能保持事物或人的同一性。我们应该把"时空连续性"理解成指的是充分的时空连续性。

那么，多少连续性才算是"充分的"时空连续性？设想你身体的右半部分有无法治愈的癌症，而身体的左半部分是健康的。癌症扩散到了你的大脑：大脑右半球有癌细胞，而大脑左半球是健康的。幸运的是，未来的科学家能将你的身体一分为二。他们甚至能将大脑半球分开，将得癌症的那一半去掉。你被安上了右胳膊和右腿的假肢，安上了右半部分人造心脏，等等。不过，你不需要大脑右半球的假体了，因为最终剩下的健康的大脑左半球与你整个大脑在过去起的作用完全相同。（尽管只是虚构，但这也并不是完全不可能的：人类的大脑半球确实能在不关联的情况下独立起作用，并复制——尽管不是所有的——彼此的功能。）手术之后的人当然和手术之前的人是同一个人：这个手术是一种挽救某人生命的方式！但是，手术造成了一个相当严重的时空上的不连续性，因为之前的和之后的那个人之间的一致仅仅是半个身体大小一致。由此可知：甚至仅仅一半身体的连续性也最好被当作保证人格同一性的充分条件。

但是现在，时空连续性理论面临着它自身的复本问题。现在，我们对上一段的故事做一点改变，变成癌症仅仅出现在你的大脑中，但在两个脑半球中都出现了。放射疗法是唯一的治愈方法，但它只有10%的成功率。成功的希望太过渺茫。幸运的是，成功的概率还可以提高。在进行放射治疗之前，医生将你的身体——包括两个大脑半球——一分为二。身体的每一半都像以前一样被填补上假体；然后开始对患癌症的大脑进行放射治疗。这就给了你不是一个而是两个10%的成功概率。但是，现在故事发生了重大转折：假定一个不大可能出现的结果出现了，即大脑的每个半球都被治愈了。这样，这场手术就产生了两个人，每个人都拥有你最初的大脑半球。需要注意的是，他们每一个人与你都有充分的时空连续性，因为我们在前面曾同意，半个人所拥有的连续性是充分的。因此，时空连续性理论就暗示了你和这两个新人中的每一个都是同一个人，进而我们再次得到了一个荒谬的结果，即这两个新人相互之间是同一的。

我们的每一个理论，即洛克的心理连续性理论和时空连续性理论都面临着复本问题。不管是在心理上还是在时空上，一个单一的最初的人（original person）与两个后继的人（successor person）都可以是连续的。每一个理论都认为人格同一性是某种连续性。因此，最初的人与两个后继的人是同一的，而这就隐含着"两个后继的人彼此之间是同一个人"这个谬论。我们应该如何解决这个问题呢？

有人会放弃科学的诱惑转而诉诸灵魂。不管是心理的连续性还是时空的连续性都不能决定灵魂会发生什么事情。当一个身体被复制了，最初身体中的灵魂可能被其中的一个后继的身体所继承，或者被另一个所继承，或者可能是哪个都没有继承它，但是不会两个身体都继承它。虽然这是一个简洁的解决方案，但却没有证据支持它，即我们还是没有理由相信灵魂存在。相较之下，在某种程度上修正科学的理论来考虑复本问题可能会更好。（如果我们成功了，我们将仍然需要在心理连续性、时空连续性，或二者的某种结合之间做出决定。但是，让我们将这个问题留给本章的其余部分。）

我们最初谈及科学理论时，这些理论声称人格同一性是一种连续性。然而，我们可以将其重新叙述为：人格同一性是一种无分支的（non-branching）连续性。在正常情况下，连续性没有分支：通常情况下，在某个时刻只有一个人和先前既定的人相连续。在这种情况下才有人格同一性。但是，复本的例子涉及了分支，也就是说，两个人同时与一个单一的先前的人具有了连续性。因此，根据该重新叙述的理论，在复本的情况下就没有人格同一性问题。因此，查尔斯和罗伯特二人与福克斯都不是同一的。而你在经历了双重移植的手术后也并没有存活下来。

与声称两个后继者相互同一的断言不同，这个修正的理论并不荒谬，但却很难让人接受。可以想象一下，在手术之前，你收到一些好消息：拥有大脑左半球的人将在切割手术后存活下来。这太好了。而现在，倘若修正的时空连续性理论是正确的，如果另外拥有大脑右半球的人也活下来了，你就没存活下来。因此，对你来说，如果右脑人活下来，这将是很糟糕的事情。你必须希望和祈祷右脑人死去。这多么奇怪！左脑人能活下来的消息是好消息，右脑人也能活下来看起来是更好的消息。再加上一条好消息怎么就让事情变得更加地糟糕了呢？

解决复本问题的极端方案

复本问题是一个真正棘手的问题！或许是时候探讨一下某些极端的解决办法了。下面有两种方案。

当代英国哲学家德里克·帕菲特（Derek Parfit）质疑我们对人格同一性所做的基本假定，即认为人格同一性很重要这一假定。在前面的章节中，我们假定人格同一性与期望、后悔和惩罚相关。这是人格同一性的重要性的一部分。上一节的最后一段假定了其重要性的另一部分，即如果在未来没有人与你是同一的，这会是十分糟糕的事情。也就是说，不再继续存在是很糟糕的。帕菲特质疑人格同一性很重要这一假定。他说，真正重要的是心理连续性。在大多数日常事件中，心理连续性和人格同一性比肩而行。据帕菲特所言，这是因为人格同一性是无分支的连续性，而且连续性几乎从无分支。然而，在复本问题中存在分支，那么，在这种情况下，你就停止存在了。但是，帕菲特说，停止存在在复本的例子中并不算糟糕。因为即使你自己将不再存在，你依然会拥有最重要的东西：你将拥有心理连续性（实际上有双重帮助！）。

帕菲特的观点非常有趣，也很具有挑战性。但是，我们能否真的相信我们有时候完全停止存在是无关紧要的？因为那将是对我们日常信念的根本改变。我们还有其他选择吗？

可以反过来重新考虑一下我们对人格同一性的另一个假定。复本论证认为，如果最初的人与其每个后继者之间都保留了人格同一性，我们会得出后继者们彼此是同一个人的谬论。但是，只有当人格同一性是数量上的同一性时，即它与数学上的等号（=）表示的观念相同时，这种谬论才成立。一开始我们就做出了这个假定，然而，或许这个假定是错误的。或许"人格同一性"实际上从来就不是数量上的同一性。可能实际上所有的变化都确实会产生数量上不同的人。如果是这样，那么我们将没有必要说分支会破坏人格同一性。因为我们可以反过来说人格"同一性"就是连续性（不管是心理的还是时空的——这依然需要决定）。在分支的案例中，处于"人格同一性"关系中的一个单个的人能顶替两个不同的人；而如果人格同一性不是数量上的同一，这将不再是荒谬的。我们可能还是需要将单纯的质上的相似性（"他和上大学之前的他不是同一个人了"）与那种和惩罚、期望及后悔相关的较严格的人格"同一性"概念区分开来。但是，即便这种比较严格的概念也会比数量上的同一性松散得多。

我们能不能真的相信，我们儿时照片上的人是在数量上与我们不同的人？相信这一点也需要信念上的根本改变。但有时，哲学恰恰需要这样的改变。

拓展阅读

约翰·佩里（John Perry）的论文集《人格同一性》（*Personal Identity*, University of California Press, 1975）是获取更多关于人格同一性读物的极好资料。它包括约翰·洛克为心理连续性观点所做的辩护、一篇德里克·帕菲特主张人格同一性并不像我们所认为的那样重要的论文，一篇托马斯·內格尔（Thomas Nagel）关于大脑二分的论文，以及许多其他有趣的文章。佩里本人为这本论文集所写的导言也十分精彩。

另一本优秀的著作《人格同一性》（*Personal Identity*）由悉尼·休梅克（Sydney Shoemaker）和理查德·斯温伯恩（Richard Swinburne）合著（Blackwell，1984）。该著作的前半部分由斯温伯恩执笔，为人格同一性的灵魂理论辩护，非常通俗易懂。后半部分由休梅克执笔，主要为心理连续性观点辩护。

伯纳德·威廉斯（Bernard Williams）在其著作《自我问题》（*Problems of the Self*，Cambridge University Press，1973）一书中介绍了"人格同一性与个体化"中的复本问题。

第二章

宿命论

引　言

开放的可能性是选择或机会的开放状态。对我们来说，这些状态至关重要。我们期待那些积极的可能性，担心那些具有凶兆的可能性。在悬而未决的待定状态中，我们处于一种开放的可能性之中。

与之相对，命定的事情是必定如此的，它脱离任何人的控制。这对我们来说感觉是不同的。如果某件命定的事情看起来很糟糕，我们就试图听任它的摆布；如果某件命定的事情看起来还不错，我们就对此感到高兴。我们把任何命定的事情都看作已经安排好的。

一些哲学家试图证明所有现实——每一件曾经发生过的事情、每一个曾经存在过的实体，以及事物曾经存在过的每一个状态——所有事情都是命定如此的。这就是形而上学宿命论

（metaphysical fatalism）学说。

有几件事情可以直接不予理会，因为形而上学宿命论并没有说或暗示它们是正确的。首先，形而上学宿命论并不是关于由命运女神所决定的命运的。命运女神是古希腊神话中的三位女神，人们认为是她们决定了人类的命运。哲学家们不相信那些女神存在并且决定了我们的人生，他们认为没有什么事情是由命运女神掌控的。

其次，形而上学宿命论认为，对每一件实际的事情来说都存在一种必然性，而这并不是暗示"每件事情的发生都有其理由"。形而上学宿命论是关于不受个人感情影响的必然性的学说，而不是关于理由或目的的必然性的。还有，形而上学宿命论并没有暗示说，我们拥有某些特定事情必定将会发生在我们身上的命运，不管是什么特定的事情。不如说，它暗示的是我们必须完全是如我们所是的那样，我们必须完全确切地处于我们实际所处的状态中。此外，这种宿命论并没有暗示付出努力是徒劳的。它承认一些努力产生进步——尽管它确实暗示努力和作为结果的进步是命定的。宿命论者承认我们并非总是知道将会发生什么事情。他们宣称，过去、现在和将来的每一件事情都必定如其所是的那样发生，不管人们对于将要发生的事情知道什么。

再次，形而上学宿命论并没有告诉我们要"听天由命"，也就是说，以顺从或屈从于命运的方式来看待未来。在宿命论这里，并没有特别的态度自动得到辩护。宿命论甚至允许乐观的乐观主义是合理的——或许事情命中注定是好的，而顺从和屈从的态度没什么用。

最后，由形而上学宿命论归于每一件事情的必然性不是原因产生结果的必然性。很明显，很多事情都是事先被物理规律和先前的状态决定的。如果每一件曾经发生的事情都以这种方式被决定，那么哲学家所说的决定论（determinism）就是真的。[1] 加热到零度以上，冰块融化不可避免。这似乎足以表明加热使得融化"注定"发生。但这种决定论的真理不会支持形而上学宿命论，甚至连部分地支持也做不到。宿命论不是关于"物理地或因果地决定"的理论。它是关于更加抽象的东西，某种不依赖事物在自然中如何运行的东西的理论。决定论认为，现在和未来因果地被过去和物理规律所决定，但是，本来可能存在一个不同的过去和不同的物理规律。形而上学宿命论者的观点是，即使决定论不是真的，在历史的每一个时刻也不存在开放的可能性。他们认为，过去、现在和未来的每一件事

---

[1] 更多关于决定论的论述，参见第六章"自由意志与决定论"。

情总是已经被固定的和被安排好的。它必定全部完全如其所是的那样,不管它是否被因果地决定好了。形而上学宿命论者认为,任何事物在世界上的纯粹存在都给予事物以必然性。为什么?宿命论者给出论证(argument)——推理路线——以试图证明他们的论点。让我们看看宿命论者的一些主要的论证,并弄清他们的论证效果如何。

海战论证

古希腊哲学家亚里士多德给我们提供了第一个论证。这是一则关于某些预测的小故事。

> 一场海战很可能明天会发生。今天,一个人预测说它将在明天发生,而另一个人预测说它明天不会发生。两个预测者都不知道明天会发生什么,他们都仅仅是在猜测。

这就是故事的全部,它不是一部文学作品。但我们亚里士多德主义的宿命论者用它来论证某些更加深刻的东西。

海战论证（Sea Battle argument）以如下的方式开始。

假设 1：或者"海战将要发生"这个预测是真的，或者"海战不会发生"这个预测是真的。

尽管第一个假设不是没有问题的，但它看起来似乎是合理的。让我们继续思考下去。

假设 2：如果一个陈述为真，那么它必定为真。

这个假设初看起来也是对的，不过我们将对它进行进一步的思考。宿命论者从这两个假设推出了以下结论。

初始结论：不管关于海战的哪个预测为真，它都必定为真。

如果一个预测必定为真，那么它描述了一个必然事实。因此，现在宿命论者得出了下面这个结论。

结论 2：不管明天战争是否在海上发生，任何一件将要发生的事情都是某件必定要发生的事情——它是必然的。

这个结论是宿命论的。然而,还有更多的东西。到此为止,海战论证只是关于一件预测的事件的。而形而上学宿命论是关于每一件事情的。关于每件事情的宿命论结论可以从关于海战论证的推理中归纳出来。这个故事中没有什么东西使这场战争特别倾向于处于事先被安排好的状态。因此,就关于这场战争的论证的成功来说,其他每件事情都不受限制地是宿命论的这一结论似乎也同样得到了很好的支持。

这个故事的不太通用的一面是那个曾经做出的预测。然而,那并不重要。该论证并没有将该预测用作表明被预测事物的必然性的基础。如果这个论证成功了,那么它就应该是事情的真实情况,而不是对它的预测使预测的事实成为必然的。因此,整个关于未来的真理,不管是预测过的还是没有预测过的,应该都是必然的。因此,看起来仿佛是这样的,如果宿命论者成功证实了第二个结论,那么就不存在真正的进一步的障碍妨碍我们证实下述结论。

一般的宿命论结论: 不管将会是什么,它都必定如此。

在评价海战论证之前,我们应该注意到关于它的两个深层事实。第一,战争涉及选择。我们往往将宿命论看作关于我们拥有选择的自由的。选择是宿命论的论证中一个重要关注点,因为选择是一些我们最喜爱的关于开放的可能性的例子。我们认为真的存在一些可以本来两者任选其一的自由选择。[1] 但是,宿命论者的结论并不限制将选择的自由排除在外。一般的宿命论结论断言整个未来都是必然的。如果这个结论是正确的,那么,它也能同样应用到我们所认为的科学所说的偶然事件上。例如,根据当代的物理学,铀原子的放射性衰变时间不是在物理上决定好的。两个铀原子,直到一个原子衰退而另一个不衰退的时候它们才会处于正好同样的物理状态。然而,海战之类的论证也能正好运用到这里。考察在中午之前做出的两个预测性陈述,一个人说,某个特定的铀原子将会在午时衰退,而另一个人否认这个原子会在午时衰退。海战论证的其余部分转到这个例子上,我们就得到宿命论的结论,即铀原子在午时的状态,不管是衰退还是不衰退,都必定如此。

---

[1] 第六章"自由意志与决定论"是关于这个问题的。

一般的宿命论结论仅仅是关于未来的。全面的宿命论是关于过去、现在和未来的每一件事情的。不过，对宿命论来说，这也不是一个困难。从海战论证得出关于未来的一般宿命论结论完成了所有艰难的工作。因为，对宿命论者来说，过去和现在很好解决。正如宿命论者所说的那样，过去——整个过去——是固定不变的、已经安排好的，这很合理。现在也是一样。如果现在有任何事情在某种状态中，那么事情现在的状态就是固定的和已经安排好的。现在要对现在做出任何事情都已经为时过晚。

因此，对宿命论者来说，过去和现在看起来唾手可得。如果海战论证表明未来也是固定不变和已经安排好的，那么就能很清楚地得到一个最终的全面的宿命论结论：任何时候都根本不存在开放的可能性。

异议

论证依赖其假设。如果一个论证有一个明显不真的前提，那么该论证肯定是失败的。形而上学严肃对待的论证很少有如此糟糕的情况。如果有哪个论证给我们留下这种印象，我们应该强烈地怀疑我们没有理解它。然而，论证也可能会因为不太令人信服而失败。另一件让论证不能证实其结论的事情是，它的前提存在未解决的疑问。对其前提进行质疑是海战论证最经常受到批评的地方。让我们看看这些前提是否经受得住审视。

一些哲学家对海战论证的第一个假设表示反对，这个前提宣称，关于海战的两个预测中有一个事先就是真的。这个假设是我们知道的排中律（Law of Excluded Middle，缩写为 LEM）的一个版本。这个版本排除了在一个陈述的真和对该陈述的否定的真之间的任何中间立场。

> **排中律（LEM）：** 就任何陈述而言，或者它为真，或者它的否定为真。

至少最初排中律看起来是不可反驳的。怎么会一个陈述是不真的，而否定其为真的陈述——其否定陈述——也是不真的呢？这似乎需要一个高深莫测的"现实鸿沟"——一个介于是（being）和不是之间的中间状态。而可能这也与幽灵般的迷雾不太一样，因为甚至幽灵般的迷雾也是一种方式的是。然而，一些哲学家已经通过反对排中律来反对海战论证。他们声称，排中律仅仅能应用于对既定事实进行断言的陈述，例如，断定已经发生的事情的陈述。批评者声称，其他陈述，比如，关于一场潜在的可能发生或不发生的海战的陈述，还没有真可言。关于海战将要发生的预测不是现在为真，对它的否定也同样不为真，因为现在存在的任何事物都不使二者中的任何一个为真。两个预测目前都是模糊不定的，而不是真的。由此，批评者得出结论说排中律是假的。

这个批评有一个严重的缺陷。假定昨天艾丽斯预测说，"克利夫兰明天会有暴风雨"，而事实上今天在克利兰夫确实有暴风雨。我们非常自然地认为艾丽斯昨天是对的。这意味着当艾丽斯昨天说这句话时她所说的就已经是对的。或许在那时没有人知道这句话是否为真。或许那时它的真还是悬而未决的。尽管如此，当我们今天确实看到暴风雨时，我们还是会说她的预测是正确的。如果是这样，那么这个预测在昨天就终归并非不确定的。这似乎能很普遍地应用到预测性陈述上。如果它们将来被证实了，我们就把它们还是预测时所说的关于将来的事情看作真的。对排中律的反对意见事先否认了它们为真，因此这个反对意见就面临着困境。

一个反对排中律的人或许对此不以为然。一开始，排中律的反对者可能重复这个观点，说当一个预测性的事件现在不是既定事实时，周边没有任何事实使得这个预测为真。接着反对者还可能会补充说，任何陈述都只有在某物使它为真时才是真的。即便我们承认人们在做出预测时就把它当作真的,反对者也坚持认为需要将预测判断为真表明它不可能事先本来就是真的。这就又重新恢复了这个结论,即排中律在这些问题上是错误的。

尽管这个批评是合理的,但还是有对它的一个不错的回应。回应是这样的,因为预测是关于未来的,而使得它们为真或为假的事物是处于未来而非现在的。现在没有任何周边事物使得它们为真。事实上,现在对它们来说太早了。只要事物像预测的那样出现在未来,那么未来的进展就能使预测在现在为真。使正确无误的预测为真的事情在未来,未来正是这些预测的归属地。

排中律看起来很难反驳。其他批评海战论证的人主要集中于它的第二个假设:如果一个陈述为真,那么它必定为真。对该假设的传统反驳是这样开始的,即这个假设有不止一种含义。批评者说,对这个假设的含义的正确之处进行解释,对论证并没有什么帮助。而在解释它对论证有所帮助之处,它又是不正确的。确切地说,假设的含义如果是以下所说,那么它就是正确的:

假设 2.1(SA_1):如果一个陈述为真,那么它就是真的，必定如此。

假设 2 的第一种含义（SA_1）无可挑剔。它所说的必定如此的情况仅仅是：如果一个陈述为真，那么它就是真的。事实上，这是非常不重要的。假设 2 的第一种含义并没有告诉我们如果任何陈述是真的，它就必定是真的。对比一下：如果一面墙是红色的，那么它是红色的。这是一个必然的事实。它适用于所有的墙，包括以前是棕色而现在刚刚被涂成红色的墙。然而，它并没有告诉我们墙必定是红色的。墙当然不是必定是红色的——它不久以前还是棕色的。

同样，条件句断言——如果一个陈述是真的，那么它就是真的——也断定了一个必然事实。但是，它并没有告诉我们一个命题为真的全部就是把它看作必定为真的。而严格说来，这是海战论证需要导出的结论——它需要真陈述由此必定为真。返回来看一下推论过程，我们看到，这个论证是用第二个假设来得出它的初始结论，即存在必定为真的预测。如果论证中的任何假设使预测有这种必然性，那么它就是第二个假设，即这个我们现在解释为假设 2 的第一种含义（SA_1）的那个假设。既然假设 2 的第一种含义并没有带来任何那样的必然性，那么如果该论证使用到了假设 2 的第一种含义，那么它就没有合乎逻辑地得出其初始结论。

如果下述对假设 2 的解释是论证的一部分,那么海战论证就确实得到了在逻辑上得出其初始结论需要的东西。

假设 2.2（SA_2）：如果一个陈述为真,那么那个陈述就必定为真。

假设 2 的第二种含义（SA_2）确实告诉我们,一个陈述为真对它是必然的来说是充分的。因此,假设 2 的第二种含义断定了海战论证所需要的真预测的必然性。但我们为什么要相信假设 2 的第二种含义?显然,有些真理是依情况而定的（contingent）,也就是说,它们实际上是真的但却不必曾经也是真的。我们认为现在被确定下来的任何某种关于未来的幸运的猜测实际上是真的,但却不是必然的。猜测的真来自所猜测事情后来的发生。然而,假设 2 的第二种含义却声称,甚至那些明显尚未确定的关于未来的幸运的预测也陈述了必然的事实。假设 2 的第二种含义声称,仅仅是真的就足以使任何真理必定为真。

对我们来说,要找出假设 2 的第二种含义是可信的,我们或许必须找到某种仅仅为真的东西是必然的真理。我的大脑一片空白。因其自身为真似乎就允许某些事情恰好偶然为真。某件侥幸为真的事情是真的，只不过它不是由于任何必然性而为真。唯一让我们倾向于产生相反想法的是欺骗。我们可能由于混淆了假设2的第一种含义和假设2的第二种含义而被欺骗和误导。然而，当我们对那个混淆保持清醒时，我们就没有理由相信假设2的第二种含义。因此，不管我们以两种含义中的哪一种来解释海战论证中的假设2，在这一点上，该论证都是看起来有缺陷的。

过去预测论证

　　海战论证试图用现在的真来保证将来的必然性。我们已经看到，现在的真或许反过来被将来最终发生的事情所保证。但是，要是过去的某事保证将来的一个特定事件会怎样呢？毕竟，我们深信，一旦事情存在于过去，它就是不可改变的了。因此，如果过去保证未来，那么未来在现在就是必然的了。

　　形而上学宿命论已经基于以下主张得到了捍卫，即关于每件事情的真，包括将来的真，都已经存在于过去。由于过去的存在，这个全面的真就是一个固定的事实。这个由过去确定下来的状态有时被称为偶然的必然性（accidental necessity）。在此，"偶然的"这个词表示，过去的固定性并非绝对必然的。相反，或许本来存在一个完全不同的过去。但是，一旦事情实际上处于过去之中，它们看起来确实是固定不变的。因此，这是一种"偶然的"必然性。我们认为，未来并不是同样确定不变的，至少并非所有未来都如此。选择和机会的展开似乎是开放性的，它们带有某种潜在性，并最终以不同的方式呈现出来。过去预测论证（Past Predictions argument）试图表明，过去的偶然的必然性延续到了整个未来。

一点儿哲学术语在此会有所帮助。哲学家们把陈述的内容称为命题（proposition）。命题就是一个陈述所说的东西，它是词语背后的思想。将一个陈述翻译成另一种语言就是要把握以其他语言说出的相同命题。命题通常被认为是真的载体，如果没有命题，讨论真将变得异常困难。如果我预测说明天会有很多善行发生，那么这个预测就是一个明天有许多善行会发生的命题。如果你希望明天有许多善行会发生，那么你的希望与作为我的预测的命题具有相同的内容。

如果真的存在任何那样的实体，那么这些就是命题。命题的存在在哲学家中也是有争议的（就像所有其他事物的存在一样！）。不管怎样，以这种方式来理解"命题"，我们就为过去预测论证做好了准备。

假设 1：对事情将来存在的任何方式来说，过去都存在一个真命题以便事情将能够以那种方式存在。

假设 1 是关于可选的预测之内容的命题。它不局限于任何人实际上做出的预测。它所说的是，所有能找到的真预测的内容都存在于过去，不管是否曾有人通过声称该命题来陈述该预测。这个假设表明，一个准确的预测一直在那里等着被做出。我们很快就会对假设 1 进行批判的讨论。

假设 2：过去的事情的各个方面都是偶然地必然的。

有必要对第二个假设进行探究。很清楚，我们通常将之当作过去的每一件事情都是固定不变的——我们称之为偶然地必然的不变状态。然而，第二个假设超出了这一点，它声称，任何种类的过去的每一个最终细节都是偶然地必然的。我们将深入研究这一点。

初始的宿命论结论：每一个过去的真预测命题的真都是偶然地必然的。

如果关于未来的每件事情的预测性命题的真是偶然地必然的，那么它就会锁定整个未来。因此，我们能得到以下结论。

一般的宿命论结论：未来的每个细节都是偶然地必然的。

过去预测论证中的两个假设都是成问题的。第一个假设要求无数未说出的命题的存在，我们可以轻而易举地对此表示怀疑。未来的每件事情都与存在于过去的一些预测性命题一一对应吗？可以肯定，几乎所有的那些预测性命题都未曾被任何人说出过。为什么要认为那些没有说出过的命题存在呢？

对命题的存在进行充分探究需要大量的形而上学追问。尽管这非常有趣，但在此它会离题太远。幸运的是，为了领会过去预测论证推理的核心，我们不需要探究这一点。即使过去预测论证退回到了现实预测，避免了这个形而上学问题，它也将会得出一个不俗的宿命论结论。实际上，人们已经对那种我们认为对未来的决议保持开放的事情进行了预测。一些预测是关于很明显的开放性选择而做出的。如果人们能够设法做出预测——如果仅仅是凭借运气——那么，在拥有所有显而易见的自由之后，人们会选择什么呢？一些准确的预测已经被做出，它们是关于其他显而易见的开放的可能性的，例如，一个粒子的放射性衰退。过去预测论证的其余部分告诉我们，至少实际预测的未来结果拥有相应的真预测的偶然的必然性。这个宿命论的结论十分引人注目。这种预测的结果看起来与未被任何人预测的结果一样是开放的。这个论证的缩减版本跳过了整个未被陈述的真理的存在问题。因此，让我们将思考限制在实际的预测上并继续前进。

过去预测论证的第二个假设是过去的每一个方面都是偶然地必然的。这是真的吗？当我们考虑过去，我们倾向于思考整个过去的事情：主要历史事件、我们自己先前的冒险经历以及其他一些很清楚的纯粹在过去的事情。那些就是过去固定不变的方面。想起这些事情使假设 2 看起来是正确的。但对论证来说，关键的问题是，过去的其他方面是否也处于同样的境地——每一个真预测陈述的过去是否也是真的。

预测已经做出，因此预测在过去存在是确定的。不过，一个预测的真并不是完全由过去所说明。一个预测是关于未来的，因此，如果预测是真的，那么，是将来的环境使它为真。

这只是以另一种方式说出未来的事情使预测成为真的。因此，只要某些未来的事情在当前还没有确定下来，那么其过去预测的真也就没有确定。我们有理由相信，有些未来是保持开放的。刚刚我们已经看到了这一点，如果就是如此，那么关于未来的那些方面的预测的真也将是不确定的。因此，现在看起来，过去预测论证陷入了麻烦之中，而在根本上，这个困境也是海战论证所面临的麻烦。在此出现的问题是，它的假设，即过去的每一个方面，甚至关于未来的预测的真，都仅仅因为它处于过去而是偶然地必然的这一假设，是不可靠的。

必要条件论证

现在我还不能马上跑完一场 1 英里（约 1.6 千米）的长跑。为什么？因为我需要在刚好现在之前跑完将近 1 英里，这样我才能现在跑完 1 英里。然而，我还没有跑完将近 1 英里，因此我在此刻不能跑完 1 英里的长跑。

这个解释似乎是说，我跑完 1 英里有一个特定的必要条件——我跑完将近 1 英里——而缺少这个条件导致我不能完成 1 英里的长跑。我们接下来的宿命论论证的第一个假设认为，一般来说,一个备选项的必要条件的缺乏总是让该备选项不再有被选择的可能性。

假设 1:如果某件事情的不存在缺乏必要条件,那么这件事情就是固定不变的。

(用更加肯定的术语重新叙述一下:如果某件事情有开放的可选项,那么要该可选项存在所需的全部就是其在场。)

第一个假设值得认真考虑。我们将在考察推理的其他部分后研究它。必要条件论证(Necessary Conditions argument)的另一个假设在理性上是无法反驳的。它仅仅是说为了拥有那个特定的条件,我们需要若干条件。

假设 2:任何条件都是其自身的必要条件。

这两个假设联合起来排除了任何开放性选择的可能性,为了理解二者是如何做到这一点的,让我们思考一个例子。设想凯茜要在接受一个工作和不接受它之间做出选择。假设凯茜将选择接受这个工作。此时,在她进行选择之前,她不选择接受会是一个开放性的选择吗？那么，为了凯茜不选择接受它，必须要有什么条件？对凯茜来说，要避免选择接受，她至少不必选择接受。换句话说，凯茜不选择接受的必要条件是那个特定的条件自身，即凯茜将不选择接受工作。如同第二个假设所言，那个条件是它自己的一个没有商量余地的必要条件。再者，它是我们的凯茜将要选择接受工作这个例子的一部分。因此，选择接受工作这件事情不发生的必要条件是缺乏的，这个条件从现在到永远都不存在。论证的第一个假设说，当某事不发生的任何必要条件是缺乏的，这件事情就是固定不变的。因此，从这两个假设可以得出，在凯茜做出选择之前，她的实际选择就已经是固定不变的。

相同的推理也同样很好地运用到任何明显开放的可能性上，不管选择是否被涉及。就任何时间的任何实际事件来说，那个事件不发生的某个必要条件是缺乏的——如果没有其他必要条件，那么那个缺乏的必要条件就是在那时不发生那个事件的条件。因此，论证达成以下结论。

彻底的宿命论结论：所有实际的实体、事件和环境，现在、过去和未来，以至在最终的细节上都是固定不变的。

第二章 宿命论

我们前面给出的解释告诉了我们将过去的事实看作固定不变的原因，为了着手对必要条件论证进行批判性考察，让我们重新思考一下这个解释。我们注意到，我跑完 1 英里的长跑，并非像现在我还没有跑完将近 1 英里的时候是一个开放的可能性。我们也观察到，我跑完将近 1 英里是我跑完 1 英里的必要条件，而那个条件是缺乏的。但是，一个必要条件的缺乏真的是对我现在没能跑完 1 英里的原因的解释吗？这里有一个与之相匹敌的解释。现在要完成 1 英里的长跑，我要必须使与之不同的事情在现在之前已经发生。在某种程度上，我最好使跑完将近 1 英里成为实际的情形。但事实上，我现在不能做任何事情致使我跑完将近 1 英里，任何其他的事情也不能致使我跑完将近 1 英里。[1] 在提供所需要的条件上的无能为力就是我现在不能完成 1 英里长跑的原因。

一旦给出这个说明，那么它似乎就是一个比较好的解释。一般来说，我们认为过去的事件不受任何当前的因果影响的支配。我们对过去的固定性的信心就源自这一点。

即便这是对我们认为过去的事实不可改变的原因的一个较

---

[1] 本书关于时间的章节为逆向因果关系的可能性进行了辩护。在此讨论的主题是，是否本来可能存在引起过去的逆向系列的现实。即使那样的可选择的现实是可能的，这也并没有告诉我们任何那样的原因是事实上可获得的。

好的解释，至此为止，这还不是对必要条件论证核心的反驳。我们没有理由否认第一个假设的断言，即当某事的变化缺乏必要条件时，它就是不可改变的。但是，一旦我们不需要这个断言来理解过去的固定性，我们就可以看到，这一断言本身是值得怀疑的。让我们重新回到凯茜的选择。我们必定认为，不管凯茜选择了哪一个，另一个选项的某个必要条件都是缺乏的。难道凭借那个缺失自身，就能使她坚持做出实际的选择吗？好像不是这样。如果缺失的条件对她来说是可获得的，那么她就不必坚持原来的选择。如果她有能力提供所有缺失的必要条件，那么不会有任何必要条件阻碍她做出选择。

我们没有理由怀疑凯茜有能力提供所需的条件。上述讨论的必要条件，即她不选择接受工作的必要条件，在她考虑这个选择的时候看起来是她能够获得的。也许有为何它不是真实的可获得的必要条件的一些难以察觉的理由。但是，这个理由不仅仅是说她的不接受是一个必要条件，而且是说这个条件是缺乏的。类似地，仅仅是缺乏，比如，一个人的不在场，不能表明这个人是找不到的。这个人或许已经做好准备，等着出现。同样，我们也没有很好的理由认为，仅仅某事的必要条件的缺乏就锁定了它的不可获得性。这就削弱了必要条件论证第一个假设的合理性。

因此，该论证陷入了困境。一个必要条件的单纯不在场似乎并不保证其不可获得性。第一个假设也许会在其他的基础上得到辩护。人们或许认为，不在场的必要条件从来不是实际上可获得的。这应该就足够了。如果某个其他可能性的必要条件实际上根本不可获得，我们也许仅仅是被它的实际条件所困。它们究竟可以获得吗？

思考一下这个挑战：如果促成开放的可能性的可获得的备选项存在，那为何所谓的开放的可能性从未被实现？从来没有某件一度为真的事情在那个特定的时刻变成不是真的。实际上，真理从未被避开。因此，为何我们认为促成这样一件事情的东西实际上是可获得的呢？

在面临这些问题时，我们应该仔细考虑，如果我们否认所有的事情都是固定不变的，我们到底是在否认什么。如果我们说，一个实际的未来真理不是固定不变的，那么我们不是在说或暗示某件一度为真的事情也可以成为不真的。我们是在说，就某件未来为真的事情来说，它反而有不真的潜在可能。我们认为一些真理具有恰恰不为真或永远不为真的未实现的潜在可能性。为了对这个思想进行辩护，我们不需要直接回答刚刚提出的问题。我们不需要寻找某件拥有一度为真的状态的事情，并表明它在那个时间是怎样成为不真的，或者它可能变成不真的。而问题提出的挑战要求我们找到这样一个例子,即某件一度为真并在那个时刻实现了其不真的潜在可能性的事情。因此,我们不需要应对这个挑战。

如果不用应对挑战要求的那种例子,我们还可以怎样为潜在的可能性存在的信念做辩护呢?我们可以从表明一些未来事件——或许是选择,或许是物理上未定的事件——在任何我们已知的方式上都不是必要的来开始论证。这将会包括这一主张:宿命论者证明的努力转而失败了。并且,我们或许会发现这对特定的设想在其看似相关的每个方式上都是彼此的复制品。而在这对设想中的一员中,我们的作为开放的可能性的候选项之一出现了;在这对设想的另一个成员中,作为开放的可能性的另一个备选项出现了。如果我们发现了这样的对子,那么,在每个例子中的成对的复制品都表明,没有什么事情使一个可能性发生而另一个不发生——它仅仅是碰巧那样发生了。例如,让两枚硬币以我们所知的完全相同的方式,在完全相同的条件下抛出,可能发现两枚硬币最终会是不同的面朝上。说每一次抛出都有机会最终另一面朝向,这难道不是非常合理吗?最终,或许会有一个极为肯定的科学理论表明,有些结果直到事情没有发生之前都是不确定的。这些就是我们能认定存在开放的可能性的理由。

上帝知情论证

也许存在一个全知的上帝。[1] 如果是这样,那会使宿命论也是真的吗?运用下面的论证,形而上学宿命论或许就能很轻松地从上帝存在得出来。

假设 1:如果上帝知道一切,那么上帝就事先知道关于整个未来的所有真理。

尽管我们将会看到一些哲学家对此进行了反驳,但这个假设看起来似乎不会出错。

假设 2:如果上帝知道关于未来的任何真理,那么真理不真的任何潜在可能性将会是一个上帝把它弄错的潜在可能性。

---

[1] 我们在"上帝"这一章中研究这个话题。

为了看出第二个假设说了什么,我们假设上帝知道一枚特定的抛出的硬币会正面朝上落地。根据假设 2,任何一枚硬币不正面朝上落地的潜在可能性都可能是上帝错误地相信它会正面朝上落地的潜在可能性。正面朝上的结果是上帝事先认为和知道的。因此,如果未来表明是另一种结果,那么第二个假设就暗示着上帝也许会依然有同样的信念,而它是不真的信念。我们很快会对这个假设进行更多的思考。

最终假设: 上帝在任何事情上犯错误都是不可能的。

我们可以理所当然地认为最终假设是正确的。我们可以认为这就是我们所认为的那种上帝——一个在任何可能的条件下都永远不会犯错的上帝。

条件性宿命论结论: 如果上帝知道一切,那么整个未来就是固定不变的。

这个结论并未断言任何宿命论。得出关于未来的宿命论可能需要一个附加的假设,即一位全知的上帝存在。此外,考虑一下一位全知的上帝的存在是否意味着整个未来是固定的，这是非常有趣的。现在我们来探究这个问题。

一条反对上帝知情论证（God Knows argument）的路线认为，与第一个假设相反，上帝知道一切，但并非事先知道任何事情。反对者声称，上帝是在我们存在的时间之外的——也就是说，他在之前和之后的序列性的时间与过去、现在和未来的时间之外。上帝存在于"永恒中"。永恒并不在序列性的时间中。永恒不是在任何事物之前、持存中或之后。因此，上帝确实不"事先"知道任何事情，因为这需要他存在于某事发生之前的时间中并知道它将会发生。相反，上帝存在于永恒中。于是，反驳得出结论说，这允许上帝在没有任何预先知识的情况下就知道一切。

在过去、现在和未来之外的存在是很难理解的。尽管如此，不管那样的存在意味着什么，它似乎并没有摧毁上帝知情论证的核心。从本质上说，该论证依赖上帝拥有穷尽一切的（exhaustive）知识，而不是事先的（advance）知识。要看出这一点，我们可以用"在永恒中"代替论证中的"事先"。就我们能理解随后产生的推理来说，它似乎与最初的东西具有相同的价值。假定永恒中的上帝知道我们的未来——与我们现在相对的未来中会有什么。如果是这样，那么任何我们的未来会走向相反的情况的潜在可能性,都是上帝知道的东西不是真的的潜在可能性。上帝知情论证试图让我们相信,这种类型的潜在可能性意味着存在着一个上帝不可能犯的错误。如果这个论证成功了,那么通过将上帝置于永恒之中,我们可能就不能避免得出这个结论。因此,这不是一个对该推理的有前途的质疑。

上帝知情论证的第二个假设怎么样呢?它说的是,如果一个真的预测性陈述有一些不真的潜在可能性,即使上帝知道它是真的(事先或在永恒中),那么这也是一个上帝犯错误的潜在可能性。这个主张令人怀疑。不管那些事情是不是真的,为什么上帝会被贴上相信某些事情的标签?上帝的知识可能是更加灵活可变的知识。

例如,上帝或许通过"看到"所有事物而知道所有事物。因此,上帝知道,通过完全地感知事物在后来的时间中如何存在而知道我们未来中的事物如何存在。对一个事实的感知往往是源自那个事实。因此,上帝对未来事实的感知知识源自感知到的事实。如果上帝通过知觉知道我们未来的情形,那么上帝是从上帝所拥有的关于我们未来的全部信息中推得我们的未来的。

如果这就是上帝关于我们未来的知识起作用的方式,那么，未来的事情成为相反的情形的潜在可能性将会伴随着上帝感知到相反的东西的潜在可能性。未来的事实可能会是不同的，而上帝将会感知到它们是事实。如果事情是相反的，上帝就会推得不同的关于未来的信息（事先的或在永恒中的）。上帝将会知道可选择的真理，而不是相信任何错误的东西。

这就使人们对上帝知情论证的第二个假设产生了怀疑。它向我们表明，一种由上帝而来的未来的知识，结合可选的未来真理的潜在可能性的存在，并不暗示上帝犯错的可能性。这个结合仅仅表明，上帝实际上已经知道某事的潜在可能性不是真的——而且或许上帝所知的东西是不真的。它并不表明任何事物的不真都是上帝的错误信念这个潜在的可能性。

最后的说明

最终表明，形而上学宿命论论证看起来都不成功。虽然如此，一个流行的宿命论格言仍然很吸引人："将要到来的，总会到来。"没有人否认它说出了一个事实。我们在寻找宿命论的依据时忽略了这个格言的智慧吗？

实际上，这个格言中并不存在形而上学宿命论。它并没有声称任何事情都必定如此。确实，人们有时候用这样的格言表达对未来发生的事情的顺从。但是，那个态度的任何良好的依据都超出了该格言的纯粹内容。它所陈述的事实不保证任何态度，不管是宿命论的顺从还是相反的态度。不管以哪种方式，它都既没有声称我们掌控未来，也没有声称未来是确定不变的。它仅仅在说，不管事情如何，那就是它们将会是的样子——不管它们怎样达成那个方式。这不是宿命论。

有时，人们误以为这个格言断定的是，不管是什么命定如此的事情，它都必定如此。这并不是它真正所说的，因为它并没有提及命运。但人们确实会那样认为。这个解释听起来似乎更加宿命论，尽管事实上它并不是。它并没有说有多少未来被命定了，如果有任何命定的未来。每个人，包括那些否认所有命运的人，都可以赞同："不管什么东西"是命定的，它都将如此。那些否认所有的命运的人可以坚持补充说，这是一个空的真理，因为没有什么东西是命定的。

尽管如此，"将要到来的，总会到来"对于所有人来说都是一件好事。它常常令人感到安慰。它只是并没有为我们接受形而上学宿命论提供任何理由。

拓展阅读

本章对形而上学宿命论进行了反驳。下面是为宿命论进行辩护的几部著作。它们包括我们已经讨论过的论证。我们把理查德·泰勒（Richard Taylor）一部著作的几个版本都列了出来，因为它对宿命论的辩护在其后续的几个版本中有显著的变化。

史蒂文·M. 卡恩（Steven M. Cahn），《命运、逻辑与时间》(*Fate, Logic and Time*, Ridgeview, 1967)。

理查德·泰勒（Richard Taylor）的《命运》("Fate")一文，收录在他的《形而上学》(*Metaphysics*, Prentice-Hall, 1963, 1974, 1983, 1992)一书中。

与宿命论密切相关的一个问题是，上帝关于我们未来的知情与我们拥有自由之间的相容性（compatibility）。以下是关于此问题的一部论文选集。

约翰·马丁·费希尔（John Martin Fisher）主编，《上帝、预知与自由》(*God, Foreknowledge, and Freedom*, Stanford, 1989)。

第三章

时　间

时间的流逝

考虑到时间对我们的经验是多么重要，质疑时间的本质就是一件很怪异的事情了。当我还是一个孩子的时候，我就好奇鱼儿是否对水有意识，或者它们就像我们呼吸时经验空气一样，是否也是无意识地经验到了水。时间甚至比空气或水更加无处不在：每个思想和经验都是在时间中发生的。对时间的追问会让人晕头转向。

然而，时间值得让人探寻。一旦开始思考，你就会发现日常的时间概念似乎毫无意义。因为我们在日常生活中将时间看作某种运动着的事物。"时间像河流一样流逝。""时间行进。""时光飞逝。""随着时间的流逝。""往昔一去不返。""时间不等人。""时间静止。"这些老生常谈体现了我们倾向于怎样思考时间。人们认为，时间处于运动之中，我们都被卷入不可阻挡的时间之流中。用这种方式思考时间导致的问题是，时间成为规定运动的标准，那么，时间自身是如何运行的呢？这就是最经典的形而上学。认真考察这个世界，我们会发现，就连最平常的事物也显示出神秘和绝妙之处。

让我们再认真点儿，通过与日常对象的运动进行比较，仔细研究一下时间运动或时间流逝这个观念。当我说一列火车运动的时候，这是什么意思？很简单，它是说火车在时间中的一个固定时刻处于一个位置，而在时间中的后来时刻处于其他位置（见图3.1）。在时间 t_1 时，这列火车在波士顿，在时间 t_2，t_3 和 t_4 时，火车不断向南行驶，先后来到纽约、费城，最终到达华盛顿。火车的运动是参照时间来规定的：火车通过在不同的时间位于不同的地点而运动。如果火车在每个时刻都处于同一个地点——比如波士顿——那么我们就可以说火车没有运动。

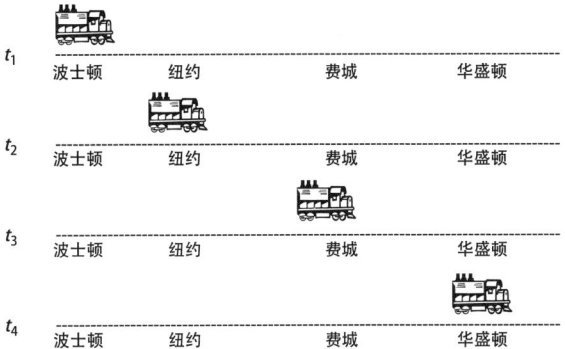

图 3.1　参照时间规定的一辆火车的运行

日常对象是按照时间运动的。因此，如果时间自身运动，那么它必须按照其他种类的时间运动。但那种其他的时间会是什么呢？

时间的运动是通过当下时刻的运动来进行的。最初，当下的时刻是中午。然后，当下的时刻是下午 3 点。再往后，当下的时刻是下午 6 点，然后是晚上 9 点，如此等等。既然运动是参照时间来规定的，那么当下的时刻，如果也是运动的，必须在四个不同的时间 t_1，t_2，t_3 和 t_4，有四个不同的位置（见图 3.2），就像运动着的火车在四个不同的时间有四个不同的位置一样。但是，这个图让人费解，它提及了中午、下午 3 点、下午 6 点和晚上 9 点，但也提及了四个其他的时间 t_1，t_2，t_3 和 t_4。当下时刻正是按照这些时间正在运动。这些其他的时间是什么呢？时间自身是在哪一种时间中运动的呢？

	当前			
t_1	中午	下午3:00	下午6:00	晚上9:00
t_2		当前		
	中午	下午3:00	下午6:00	晚上9:00
t_3			当前	
	中午	下午3:00	下午6:00	晚上9:00
t_4				当前
	中午	下午3:00	下午6:00	晚上9:00

图 3.2　当下时刻的运动

一种可能性是，t_1、t_2、t_3 和 t_4 是一种不同种类的时间的一部分，我们称它为超时间（hypertime）。就像火车按照其他的东西（时间）运动一样，时间自身也按照其他的东西（超时间）运动。大部分运动是按照我们熟悉的时间轴的运动，但时间自身按照另一个时间轴，即超时间运动。

超时间不是一个好的想法。因为你不能仅仅到此为止；你需要更多，更多和越来越多的解释。我们认为超时间是一种时间。因此，如果日常的时间运动，超时间当然也运动。因此，超时间必须也要按照另一种时间，即超 – 超时间（hyper-hyper time）运动。而那种时间也必须运动，这就引入了超 – 超 – 超时间（hyper-hyper-hyper time）。如此等等。我们陷于相信一个不同种类时间的无限序列的困境中。这样的时间有点太多了。虽然我无法证明这个无限序列不存在，但肯定还有更好的选择。让我们看看是否在某处误入了歧途。

或许正相反，t_1、t_2、t_3 和 t_4 不是超时间的一部分，而就是日常时间的一部分。其中，t_1、t_2、t_3 和 t_4 或许恰恰就是中午、下午3点、下午6点和晚上9点。根据这种看法，时间是根据自身运动的。这种看法有道理吗？

尽管去除超时间很好，但这幅时间图看起来还是有些奇怪的地方。这并不是说它不是真的。中午的确是现在是在中午，下午 3 点是现在在下午 3 点，等等。但这些事实看起来毫无价值，因此不足以让我们抓住真正的时间之流。通过将时间与空间进行对比，我们可以将"当下"和"这里"进行比较得出这一点。我们考虑一下，火车轨道上的空间位置连接着波士顿和华盛顿。任何在波士顿的人都可以如实地说"波士顿在这里"。同样，任何在纽约的人都可以说"纽约在这里"。费城和华盛顿也一样。因此，就像中午是现在的中午、下午 3 点是现在的下午 3 点等一样，波士顿就是在这里的波士顿，纽约就是在这里的纽约，等等。但是，空间不运动。连接波士顿和华盛顿的空间路线是静止的。仅仅一个序列的成员位于它自身这个单纯的事实并不能让那个序列运动，不管这个序列是由时间点组成的还是由空间位置组成的。

时空理论

时间的运动使我们完全陷入纠结之中。也许这是"时间是运动的"这个观点自身的问题。根据一些哲学家和科学家的观点，我们日常的作为时间之流的时间概念是一种无可救药的混乱，它必须被时空理论所替代，而根据时空理论，时间就像空间一样。

高中物理中的运动图仅仅将时间描绘成与空间维度并列的另一维度。这里画出的图（见图3.3）表现出一个粒子在一个空间维度中贯穿时间的运动。这个粒子从初始时间1和空间位置2开始，然后向着位置3运动，速度减慢并停止在时间2，最终又在时间3返回到位置2。这个二维图中的每一个点都代表一个时间t（点的横坐标）和一个空间中的位置p（纵坐标）。画出的曲线描绘了粒子的运动。当曲线通过一个点(t, p)，就意味着该点位于空间p和时间t。

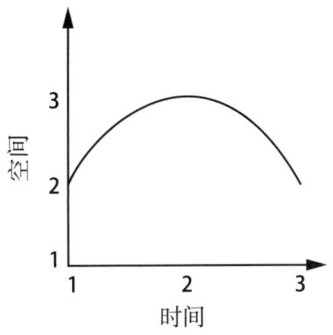

图3.3　高中物理中粒子在时间中运动的曲线图

一个更加复杂的图（见图3.4）描绘的是与两个空间维度并列的时间。（要是能表示三维空间会很不错，不过那需要一个四维图和一本更贵的书。）这些更加复杂的图被称作时空关系图（space-time diagrams）。（就连高中物理中的图也是一种比较简单的时空关系图。）时空关系图可以用来表示所有的历史，任何曾经发生的和将要发生的事情都可以放进这个时空图中。下面这个特别的图（见图3.4）表示远古时期的恐龙和一个出生于公元2000年的人。这些对象水平地延伸在图中，因为它们实际上持存于时间中，而时间就是图中的水平坐标轴：这些对象存在于水平时间轴的不同点上。它们也在图的其他两个维度延伸，这是因为恐龙和人实际上占据了空间：这些对象存在于纵向空间轴的不同点上。

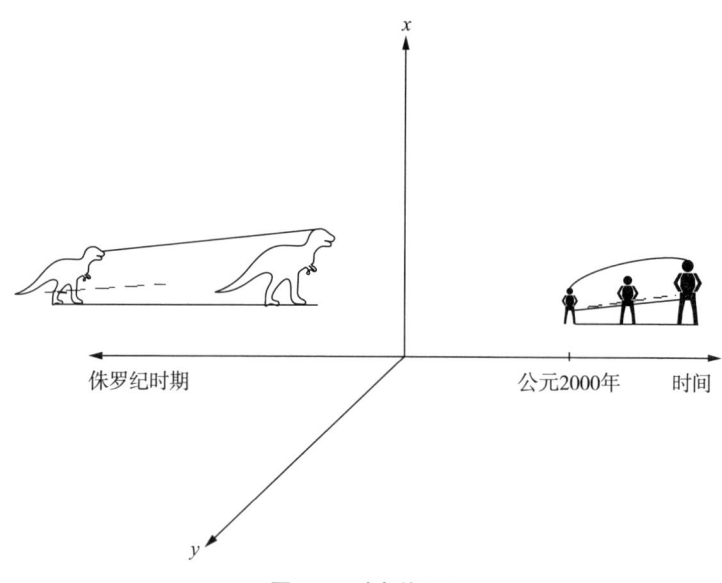

图3.4 时空关系图

除了恐龙和人自身以外，它们的一些时间部分（temporal part）也在图中表现出来。一个对象的时间部分就是那个对象的时间横截面；它就是那个时刻的那个对象。认真思考一下在 2000 年的这个人的时间部分：🧍。这个对象与此人在 2000 年时有相同的空间大小（spatial size）。但它的时间部分与此人的时间量（temporal size）不同；该时间部分仅仅在 2000 年存在，而这个人在此后的时间中也存在。这个人自己是他所有时间部分的总和：🧍🧍🧍。我们注意一下这个人是怎样逐渐缩减的：早一点儿的时间部分（在图左侧的那些部分）比后来的部分要小。这表示这个人在时间中的成长。[1]

与日常生活中的运动或流动的时间概念相比，时空理论告诉我们，现实由一个单一的统一时空组成，它包括了所有的过去、现在和未来。就像时空关系图所表示的那样，时间仅仅是时空维度中的一维，与其他三个空间维度并存。时间像空间一样，它不流动。

可是，时间并不完全与空间相似。首先，存在三个空间维度而只有一个时间维度。其次，时间有特定的方向：从过去到未来。而空间没有这样的方向。我们确实有关于特定的空间方

---

[1] 第七章的结尾处对时间部分有更深入的讨论。

向的词语：上、下、北、南、东、西、左、右。但是，这些并不是空间自身的方向。倒不如说，这些词语是根据谁来说它们而确定不同方向的。"上"指的是从地球的中心穿过说话者的一条直线上的方向，"北"指的是从说话者到北极的方向，"左"根据说话者面向不同的方向而确定不同的方向。相较而言，从过去到未来的方向对每个人来说都是相同的，不管他的位置和朝向如何；它似乎是时间自身的一个内在特征。[1]

尽管如此，根据时空理论，时间和空间在许多方面都是相似的。这里提及三点。

第一，就现实而言，二者相似。很明显，遥远的太空（其他行星、恒星等）中的物体与在此处的地球上的物体同样真实。或许我们对太空中的物体的了解不像对我们周围物体的了解那样多，但这并不会使得遥远的物体比我们周围的物体更不真实。同样，遥远的时间中的物体也与现在存在的物体一样真实。过去的物体（如恐龙）和未来的物体（如火星上的人类前哨基地）存在，还有现在的物体也存在。遥远的物体，不管是时间和空间上的遥远，都在时空中的某处存在。

第二，就部分而言，二者相似。物质对象通过具有不同的

---

[1] 我们在第十二章将会看到，实际上，并不是所有人都同意这个观点。

部分而占据空间。我的身体占据了一个特定的空间区域。这个区域的一部分被我的头占据，另一部分被我的躯干占据，区域的其他部分被我的胳膊和腿占据。既然这些部分在空间上比我要小，那么它们或许可以被称为我的空间部分。与之相应的关于时间的事实是，一个物体通过其不同的部分在不同的时间点上存在而在一段时间内持存，当然，不同的时间点指的是物体持存的那段时间之内的时间点。这些部分就是我们上面提到的时间部分。这些时间部分恰恰是与我的空间部分，即我的头、胳膊和腿同样真实的东西。

第三，就这里与现在而言，二者相似。如果我在电话里对一位在加利福尼亚的朋友说"这里正下雨呢"，她回应我说"这里天气晴朗"（见图3.5），我们俩谁是正确的呢？真实的这里在哪里，是加利福尼亚还是新泽西？很明显，这个问题误入歧途了。不存在"真实的这里"。"这里"这个词语指的仅仅是正在说它的人碰巧所在的任何一个位置。当我说"这里"时，这个词是指新泽西，当我的朋友说"这里"时，它指的是加利福尼亚。

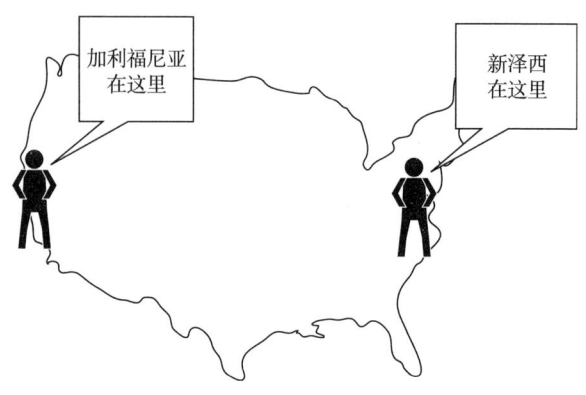

图 3.5 "真实的这里"在哪里?

在任何客观的意义上,这两个地方都不是这里。对我的朋友来说,加利福尼亚是这里;对我来说,新泽西是这里。关于时间,时空理论也说出了类似的东西:就如同没有客观的这里一样,同样也不存在客观的现在。如果我说"现在是2005年",而盖伊·福克斯在1606年说"现在是1606年",每一个陈述都是正确的(见图3.6)。不存在单一的、真实的、客观的"现在"。"现在"这个词语仅仅指的是说话者碰巧所在的那个时间。

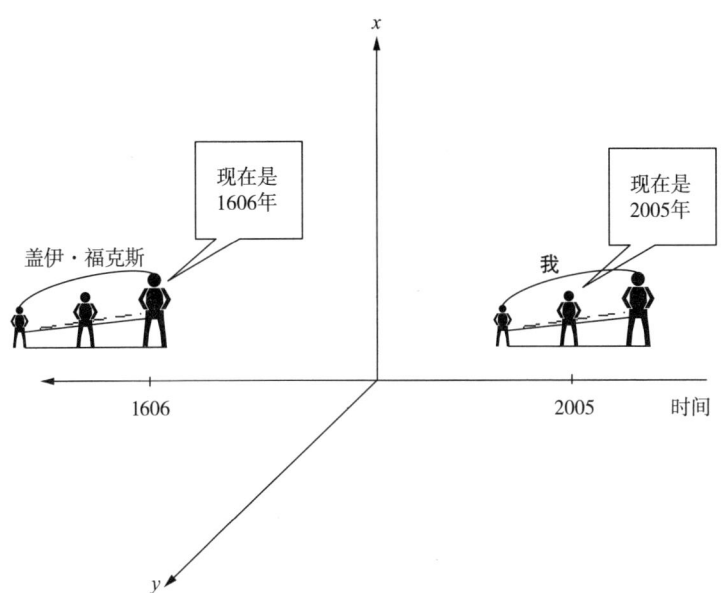

图 3.6　对我来说的"现在"和对盖伊·福克斯来说的"现在"

对时空理论的异议：变化、运动与原因

我们已经遇到了两种时间理论。哪一个是真的呢？时间流动吗？或者时间像空间一样静止？

时空理论避免了时间之流导致的悖论；这算是它的优势。但是，相信时间流动的人会反驳说，时空理论将婴儿和洗澡水一块儿倒掉了：它使得时间与空间过于相似。一开始，反驳者

或许会说，实际上，上一节提到的时空之间所谓的类比站不住脚。

> 过去的和未来的物体不存在：过去的已经过去，未来的将要到来。事物没有时间部分：在任何时刻，整个物体都在现在，而不仅仅是它的一个时间部分；它并没有遗漏一点过去和未来的部分。而且，"现在"和"这里"也不相似：现在的时刻是特殊的，与这里周围的一小块空间不相似。

这些主张中的任何一个都可以自己占据一章。但时间短暂，因此让我们考察一下对时间之流进行辩护的人证明时间与空间不相似的其他三种可能方式。第一，就变化而言：

> 我们将变化和可能称作"空间异质性"（spatial heterogeneity）的事物进行比较。变化就是在不同的时间拥有不同的属性。一个身高变化的人一开始很矮，后来变高了。与之相比，空间异质性就是在不同的地方具有不同的属性。一条公路一些地方颠簸不平，其他的地方很平整；有的地方很狭窄，有的地方

很宽阔。这样一来,如果时间与空间正好相似,那么在不同的时间具有不同的属性(变化)与在不同的地方具有不同的属性(空间异质性)就没有什么差别。回过头来再看一下时空关系图。在图中,变化是沿着时间轴从左到右的一种变化形式;空间异质性是沿着两个空间维度中的任一维度的变化形式。根据时空理论,二者是类似的。但这并不正确!空间异质性与变化是完全不同的。在空间上异质的公路并不变化。它就坐落在那里。

第二,就运动而言:

在空间中,事物可以向任何方向运动;不存在限制其移动的特定方向。但是,对时间来说并不是这样。在时间中来回运动没有意义。在时间中,事物只能向前运动。

第三,就原因而言:

任何地方的事件都可以是任何其他地方的事件发

生的原因；我们可以对任何空间区域内发生的事情产生影响。但是，一个事件不能是其他任何时间中的事件的原因：后来的事件不会导致它之前的事件产生。尽管我们可以影响未来，但是我们不能影响过去，过去是确定的。

第一个反对意见认为，时空理论使得变化在某种程度上与空间异质性相似。这是对的。但那又怎样呢？变化和空间异质性并非完全相同：二者一个是在时间中变化，另一个是在空间中变化。因此，变化和空间异质性在某种程度上是相似的这一主张是完全合理的，我们可以断然摒弃第一个反对意见。

第二个反对意见要复杂得多。"事物在空间中前后运动，但是并不在时间中前后运动。"——这真的是时间和空间之间的不相似吗？假定我们想知道，对于一个关于空间的确定为真的陈述来说，与之相类似的时间陈述是不是真的。20世纪美国哲学家理查德·泰勒认为，我们必须小心谨慎地建立这样的关于时间的陈述，即实际上与关于空间的陈述类似的关于时间的陈述。特别是，为获得类比陈述，我们必须始终如一地调换关于时间和空间的所有参照物。泰勒认为，当我们这样做时，我们将会看到时间和空间比我们最初看到的还要相似。

举例来说，我们关于空间的真陈述是这样的：

某物在空间中前后运动。

在我们能调换这个陈述中的时空的参照物之前，我们需要对所有那些参照物进行定位，包括所有那些不太清晰的参照物。例如，"运动"这个词语掩盖了对时间的参照。当我们使得这些参照物变得清晰时，我们的陈述就变成了以下这样：

在空间中前后运动：某物在空间点 p_1 位于时间 t_1，在空间点 p_2 位于时间 t_2，在空间点 p_1 位于时间 t_3（见图 3.7）。

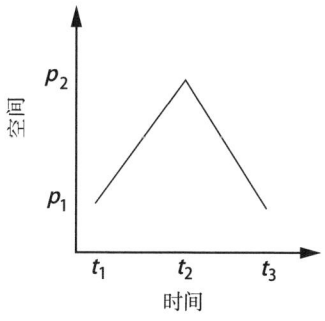

图 3.7　在空间中前后运动

现在我就能建立关于时间的类比陈述——将所有时间的参照物与空间的参照物进行调换。要做到这一点,我们仅仅将每个时间点上的参照物变成空间点的参照物,将每个空间点的参照物变成时间点的参照物。这样我们就得到了下面的陈述:

在时间中前后运动:某物在时间 t_1 位于空间点 p_1,在时间 t_2 位于空间点 p_2,在时间 t_1 位于空间点 p_3。

将图 3.7 中的"时间"和"空间"标签调换,我们得到上述新陈述的图(见图 3.8)。

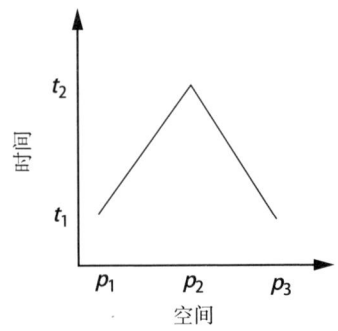

图 3.8 在时间中前后运动,时间轴是垂直坐标轴

现在我们的问题是:第二个陈述是正确的吗?一个物体

是否能在这个意义上"在时间中前后运动"？事实上，出于一个很无趣的原因，答案是"是的"。为了更清楚地看到这一点，让我们快速翻转一下，让时间轴成为水平轴（见图3.9），这样就使"在时间中前后运动"图看起来与前面的图相似。很清楚，这个图表示的是最开始一个物体在时间 t_1 位于两个位置，即 p_1 和 p_3，接着，在时间 t_2，仅仅位于一个位置 p_2。与它的实际情况相比，这样听起来更加怪异。想想两只正在鼓掌的手，一开始两只手分开了——一只手在位置 p_1，另一只手在位置 p_3。然后，两只手移向彼此并相触。现在这双手位于位置 p_2。最后，设想这双手在时间 t_2 消失了。这个图表示的就是这种场景。因此，如果真正按照与"在空间中前后运动"的类比来理解时间的运动，事物能够"在时间中前后运动"。由于忽视了将时间和空间的所有参照物进行调换，我们被误导相信了相反的东西。"事物在空间中前后运动"这个陈述包含了一个未言明的参照维度，即时间，因为事物正是按照时间在空间中运动的。当我们建立"事物在时间中前后运动"这个陈述时，我们必须将参照物从时间维度改为空间维度。当我们这样做的时候，得到的陈述是某种确实可以为真的东西。

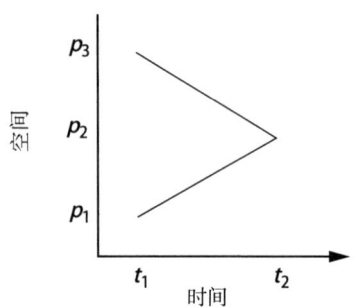

图 3.9 在时间中前后运动，时间轴是水平坐标轴

第三种反对意见最具挑战性，也最有意思。确实，我们实际上没有观察到逆向因果关系（backward causation），即后来的事件是先前事件的原因。这表示，事实上时空之间是不对称的——就像实际上它们在世界中是不对称的一样。但更进一步的问题是：这个不对称是不是时间自身本性的一部分，或者，这个不对称是否仅仅是世界偶然的存在方式的应变量[1]。问题是：可能会存在逆向因果关系吗？我们现在的行为会是过去事件的原因吗？

如果时间真的与空间相似，那么答案肯定是"是的"。如同一个事件可以是在其他任何空间位置上的事件的原因一样，从原则上说，一个事件也可以是在任何其他时间点上的事件的

---

[1] 即根据世界存在的不同情况有不同的结果，对称或不对称。——译者注

原因，甚至是比这个事件还要早的事件的原因。但这就产生了一个异乎寻常的结果。如果逆向因果关系是可能的，那么就像在书籍和电影中描绘的那样，时间旅行也应该是可能的，因为使我们自己出现在过去的当下中应该是可能的。

时间旅行或许实际上从未发生过。在技术上，或许时间旅行将永远不可行，或者说，物理规律或许不允许时间旅行。哲学不能解决物理或技术问题；对那些事情进行推测，能给你更好指导的是你友好的物理学家或工程师邻居。但是，如果时间与空间相似，那就不应该存在来自时间概念自身的禁令：时间旅行至少在概念上是可能的。但是，是这样吗？

一类熟悉的时间旅行的故事是这样开始的："1985年，马蒂·麦克弗莱（Marty McFly）进入一个时间机器，将控制键设为1955年，按下按钮，等了一会儿，然后就到达了1955年……"任何一个时间旅行的故事都必然要包含这么多：使用某种时间机器，随后到达了过去。但在很大程度上，就连这些也似乎隐藏了一个矛盾。稍微有点麻烦的地方是结尾："然后到达了1955年"。它暗示麦克弗莱首先按下按钮，其次到达了1955年。但他按下按钮是在1955年之后的1985年。

这就是所谓的时间旅行悖论。人们试图讲述一个前后一致的涉及时间旅行的故事，但最终以自相矛盾收场。声称麦克弗莱既是在按下按钮之前又是在按下按钮之后到达 1955 年，这是自相矛盾的。而如果我们不能讲述一个不自相矛盾的时间旅行的故事，那么，从概念上讲，时间旅行就是不可能的。

我们可以避免第一个悖论。到达 1955 年是在按下按钮之前还是之后呢？之前——因为 1955 年在 1985 年之前。那么"然后"是怎么回事呢？好吧，它全部的意思就是麦克弗莱在按下按钮之后经验了到达。正常人（非时间旅行者）是按照事情真实发生的顺序经历正在发生的事情的，而时间旅行者违反顺序经验事情。在麦克弗莱的经验序列中，1985 年发生在 1955 年之前。可以肯定，这是一个很奇怪的事情，但是它看起来似乎也不是完全在概念上前后不一致的。（什么决定了麦克弗莱经验的顺序？他的经验序列中的后来者包含了对经验序列中的前在者的记忆，后来者也由前在者引起。当麦克弗莱经验 1955 年的时候，他有 1985 年的记忆，而他对 1985 年的经验直接地影响了他 1955 年的经验，前者是后者的原因。）

而这里暗藏着一个更强有力的悖论。让我们继续讲述《回到未来》(*Back to the Future*) 中的故事："回到 1955 年，风度翩翩的麦克弗莱不经意地获得了自己母亲的好感，使得他的书呆子爸爸黯然失色。随着他父母结合的希望越来越小，麦克弗莱开始逐渐消失于无形。"一个时间旅行者可能损害自己的存在，这就是问题所在。他可能使得自己的父母从未相遇，他甚至能在自己出生之前杀死自己的父母。但话说回来，他是从哪里来的呢？这又回到了悖论。

麦克弗莱开始逐渐消失于无形，这表明《回到未来》的作者意识到了这个问题。但是，消失于无形不能解决任何问题。设想麦克弗莱在阻止了自己父母相遇之后完全消失了。他在消失之前依然是存在的（毕竟，是他阻止了他父母的相遇）。那么，他当初是从哪里来的呢？不管《回到未来》的文学价值是什么，作为哲学著作，它彻底失败了。

让我们对那些漫不经心的编剧和作者不要过于苛刻。（不是我们每个人都是哲学家。）尽管并不容易，但我们还是可以讲出避免悖论的时间旅行故事。电影《终结者》(*Terminator*)就是一个出色的例子。[1]

---

[1] 这里指的是《终结者1》。《终结者2》看起来前后并不一致。在开头，它说赛博达（Cyberdyne）系统通过研究来自未来的 T-800 终结者尸体上的手掌握了"天网"（Skynet）的技术。而最终，在 T-800 熔化之后［施瓦辛格（Schwarzenegger）为弗朗（Furlong）竖起大拇指］，这部电影表明"天网"从未被创造过，"审判日"也会被避免。那么时间旅行终结者是从哪里来的呢？《终结者3》做得更好一点：它从未暗示"审判日"被避免了。然而，这里依然存在问题，例如，关于"审判日"的真实日期问题。从哲学的（也是从电影的）观点来看，《终结者1》到目前为止是这三部影片里最好的。

在未来，机器统治了这个世界，它们几乎将人类赶尽杀绝。但机器的计划最终被人类的领导者约翰·康纳（John Connor）所阻挠。机器在濒临战败之际进行了反击，它们派出一个机器，即一个"终结者"回到过去，即回到约翰·康纳出生之前去杀害他的母亲萨拉·康纳（Sarah Connor）。为此，约翰·康纳就派他的战士之一凯尔·里斯（Kyle Reese）回到过去来保护萨拉·康纳，对机器进行回击。终结者差一点就成功了，但最终里斯阻止了他。（里斯死了，但他不是在与康纳的母亲萨拉·康纳孕育孩子之前死的。而我们后来得知，这个婴儿长大后就是约翰·康纳自己！）

这个故事未曾自相矛盾。如果终结者杀死了萨拉·康纳，它就会自相矛盾，因为故事的开头告诉我们，萨拉·康纳曾经活着并且有一个儿子约翰·康纳，他在未来的英勇行为导致了终结者出现在过去。但是，既然萨拉·康纳活了下来，那么这个故事就是前后一致的。

有些时间旅行的故事（例如《回到未来》）不能保持前后一致，这并不能说明任何事情，因为我们还可以讲述其他前后一致的时间旅行的故事。时间和空间之间的相似性得以继续存在：逆向因果关系和时间旅行并非是概念上不可能的。

在《终结者》中有不计其数的死里逃生的情节。萨拉·康纳一次又一次地死里逃生。可以看出，在任何一个这样的情节中，她都很可能很容易地死去。然后，我们知道，她必须活下来，因为她的儿子是约翰·康纳。因此，看起来她不是真的处于危险之中；她不能死。但是，她面临着一个"终结者"，这个危险看起来又十分真实。这又一次陷入悖论了吗？

完全没有。关于时间旅行的故事，其奇怪之处是，在故事的开头，我们就被告知了结局。作为观众，我们早就知道约翰·康纳存在于未来。之后，我们发现他母亲在他出生之前处于危险之中。我们作为观众知道她会活下来（如果我们相信编剧是前后一致的！），但是，这并不是说在故事中她的危险是不真实的。

当时间旅行者自己知道故事会如何终结的时候，一个非常奇异的事情就产生了。想想里斯，他知道约翰·康纳是存在的：是约翰·康纳将他派回到了过去，所以他知道"终结者"会失败。然而，他很担心萨拉·康纳的生命，拼命去保护她，甚至在最后为保护她而牺牲。他为什么不是仅仅离开来使自己获救呢？他知道萨拉·康纳会活下来的。

或者，他知道吗？他认为他记得自己是在为一个叫约翰·康纳的人效力。他认为自己记得是约翰·康纳打败了机器。他以为康纳的母亲名叫萨拉。他以为他正在保护的这个女人与萨拉·康纳是同一个人。他以为这个女人还没有孩子。因此，他有许多证据表明，他正保护的这个女人会活下来。但后来他看到了终结者向前推进。他看到，在搜寻萨拉·康纳的时候，终结者不费吹灰之力就杀死了前进道路上的每个人。现在，终结者来到了他正在保护的这个女人面前，举起了枪。现在，里斯对萨拉会活下来的信心动摇了。毕竟，她有可能不是约翰·康纳的母亲。或者，如果他确定她是，她或许已经有一个孩子了；或者，如果他很确定她没有孩子，那么他或许犯下了一些其他的错误。或许他所有明显的对未来的记忆是错觉！一般来说，这种自我怀疑是不着边际的，但随着终结者的一步步前进，它会变得愈加合理。就像他一度确定萨拉·康纳肯定会活下来一样，他开始同样确定由终结者带来的危险："它没有任何商量的余地！它不和你讲任何道理！它不会觉得同情、悔恨或害怕。而且它也绝对不会停下来，从来不会，除非你死了！"他想："我最好确保万无一失。"于是，他举起了枪。

拓展阅读

彼得·范·因瓦根（Peter van Inwagen），迪安·齐默尔曼（Dean Zimmerman）主编，《形而上学：大问题》（*Metaphysics: The Big Questions*, Blackwell, 1998）。这本文选包含了很多关于时间的阅读文本（也包括很多其他形而上学主题的阅读文本）。一些最重要的文章包括：J. M. E. 麦克塔格特（J. M. E. McTaggart）的《时间》（"Time"）一文提出了一个令人震惊的主张：时间是不真实的！A. N. 普赖尔（A. N. Prior）的两篇文章不赞同时空理论。J. J. C. 斯马特（J. J. C. Smart）的《时空世界》（"The Space-Time World"）一文拥护时空理论。大卫·刘易斯（David Lewis）的《时空旅行悖论》（"The Paradoxes of Time Travel"）一文主张时空旅行是可能的。

理查德·泰勒（Richard Taylor），《时空类比和同一性概念》（"Spatial and Temporal Analogies and the Concept of Identity"），《哲学杂志》（*Journal of Philosophy*），1995年，第52卷，第599—612页。在这篇论文中，理查德·泰勒展示了一系列时间和空间之间的类比，十分引人入胜。

除了本章所讨论的关于时间旅行的概念问题，还有许多有趣的科学问题。弗兰克·阿恩策尼厄斯（Frank Arntzenius）和蒂姆·莫德琳（Tim Maudlin）的文章《时间旅行与现代物理学》("Time Travel and Modern Physics")可以在"斯坦福哲学百科全书"（Stanford Encyclopedia of Philosophy）网站上找到。

第四章

上　帝

"当然，宗教完全是一种见解（opinion），与我有权利拥有我的宗教见解一样，你也有权利拥有你的宗教见解。"我们都听过这种说法。或许我们自己也说过这样的话。在我们试图不再接受它和认真看待它之前，它一直看似是个不会出错的和明智的判断。然后，它开始看起来像是一个为时过早的判断，甚至或许是武断的判断。

当处于争论中的话题完全是一种见解时，我们没有更好的理由接受一方而不是另一方。因此，如果宗教完全是一种见解，那么支持和反对任何宗教观点的理由就会势均力敌，或者根本不存在任何理由。但这并不可信。宗教思想家和他们的反对者已经提供了大量的理由，而我们没有很好的基础，只是将他们看作总是势均力敌的。

宗教和形而上学在上帝存在问题上存在交叉。上帝存在是一个形而上学问题，因为，形而上学的一部分，即本体论（ontology）关注的是存在者最基本的类。上帝是基本的。首先，如果上帝存在，那么上帝是宇宙的创造者。得知至少所有物理事实的存在都依赖一个存在者的创造性选择，这将是一个有趣的和惊人的形而上学事件。

要确立上帝存在有几条推理路线。我们将会探究三种论证，这些论证围绕着许多形而上学问题展开。

让一切开始论证

结果

我们第一个上帝存在的论证版本依赖关于世界的一个事实。这个事实就是有些事情是被引起而发生的。很明显，现在发生的许多事情都是各种原因的结果。这包括现在正发生在你身上的事情。你看到这些词语，这是一束光照到你的眼睛里的结果；你理解这些词语，是你学会了这种语言并将你的知识运用于其上的结果。

好的，因此有结果存在。那它和上帝的存在有什么关联呢？

接下来我们观察到，结果的原因自身也是被原因导致的。这些原因反过来也有它们的原因，如此等等。

人们认为，由此出发的推理让我们得出上帝的存在，上帝的存在并不依赖我们观察周围世界而发现的任何事物。人们认为，我们是通过思考因果关系来看到上帝存在的效力的。首先，我们注意到一个因果序列可以无期限地向后追溯。但是，它能一直回溯下去吗？这个论证断言每一个因果序列必须有一个开始。要使每个序列处于存在之中，必须已经存在一个不是被导致的第一因。托马斯·阿奎那（Thomas Aquinas）是这种论证在中世纪的主要支持者。阿奎那观察到，如果你取消了原因，你也就取消了结果。我们看到了结果。他推断必定存在某种现有结果的第一因。因此，这个论证得出结论说，所有事物的第一因就是宇宙的创造者，即上帝。

这个论证分两个阶段。论证的前提（premise）是它所依赖的假设。每一个阶段的结论（conclusion）都是该阶段要证明的主张。

第一因论证

阶段一

前提1：存在结果。

前提2：任何结果最终都源自第一因。

结论 1：存在第一因。

论证的第二阶段从第一阶段想要证明的结论开始，它建立在第一阶段的基础上。它还追加了另一个假设，由此得出第一因论证的最终结论。

阶段二

结论 1：存在第一因。

前提 3：如果存在第一因，那么它是上帝。

结论 2：上帝存在。

我们必须选择理解"上帝"和"存在"的方式。人们用"上帝"这个词表示各种各样的意思。有时某人的"上帝"是这个人当作偶像来崇拜的任何人。也许是这个人最喜爱的音乐家。对我们现在的目的来说，这个含义没有什么用处。一位特定的音乐家存在与否不是一个主要的形而上学问题（不管它是一个多么重要的音乐问题）。与之相比，找到一个这样的存在者的存在，即一个全知、全能和全善的宇宙创造者的存在，是一个巨大的形而上学问题。我们将这样理解"上帝"，即上帝（God）是一个全知、全能和全善的存在，而且，如果"上帝"

一词得到完全地运用,"上帝"是创造者。通过把这个词语仅仅运用到有这些极致品质的存在者上,我们就使上帝存在问题成为一个重大的形而上学话题,并且在此我们使用了它在西方宗教传统中人们所承认的意义。

我们以一种很宽泛的方式来理解"存在"(exist)。"存在"一词适用于任何只要是在现实中的事物,不管它是在过去、现在还是未来,也不管它是否处于空间中。"存在"一词不适用的对象,是那些仅仅表面上看起来是现实的东西,比如,那些仅仅是神话的、幻觉的和虚构的东西。

论证依赖其前提。如果论证要得出结论,前提必须全部是合理的。如果一个前提存在一些值得认真正视的未解决的质疑,那么这个论证就不能证明其结论。

让我们思考一下前提2。前提2提出的主张——任何因果序列都必须是已经被开始的——引起了人们强烈的兴趣。非常明显,看起来似乎一系列的事件必须有第一个事件。尽管如此,在我们试图读出任何能证明这个断言合理的东西时,这个判断就变得不那么严格了。确切地说,在一个序列中,每一个原因为什么不能有其自身的原因而没有开端?

我们必须正确地理解何为"没有开端"。它的意思仅仅是在序列中没有什么东西是第一个。对此,我们可以举一个熟悉的例子。我们知道的作为整数的数字序列中不存在第一个数。整数包括 –1，它先于 –2，–2 先于 –3，如此等等。整数可以无限向后追溯。

这个无限并不是令人难以置信的。我们不必分开思考所有的整数。如果我们知道了每个整数都有一个新的整数作为它的前在者，我们就充分理解了无限（infinity）。在"没有开端"的情况下，这种安排是一个序列存在的一种可理解的方式。

我们可以看到负整数是怎样排列的。那为何原因和结果不能也这样排列呢？为何不能存在这样的前因后果，它在时间的无限向后追溯中没有任何开端？我们不能想象出像那样的整个无限系列。但是，我们不能做出这个想象，仅仅是因为我们没有办法想象这个系列的"最终末尾"，因为它没有这样的东西。然而，没有这个想象，我们确实依然能理解这个系列的结构。因此，可以再次追问：是什么理由让我们否认一个拥有同样结构的因果序列的可能性？我们对此一无所知。

这种可能性破坏了前提 2 的可靠性。人们认为，我们看出为了完全拥有一个因果系列需要有第一因存在，所以前提 2 是值得假定的。如果我们没有看出这种需要，那么前提 2 就是可疑的。而现在，我们并没有看出这种需要。

第一因论证的麻烦还不止于此。阶段二也有其弱点，即前提 3。假定一个因果系列有某个第一因。前提 3 特别地断言第一因是上帝。为何是这样的？

答案是：只有全能的上帝足以伟大到能自我创造。因此，上帝能在没有其他事物作为原因的情况下存在。任何不同于上帝的事物的存在都必须依靠助力。

这个回答假定了每个事物都必定有个原因。它假定：或者原因是不同于结果的某种事物，或者原因与结果彼此是同一个事物。这个回答声称，只有上帝符合自因。

虽然如此，但究竟为何每个事物都必须有其原因呢？某事物在完全没有原因的情况下恰恰就发生了，这似乎是可能的。这个可能性并不表明任何如此强大或如此伟大的某个事物自己是自己的原因。通过思考原因和结果，我们所能说出的全部就是：某物没有原因而仅仅在世界上发生，这是可能的，并且它开始了一个因果序列。不管这个是否实际上曾经发生过，我们似乎都无法将它作为不可能的而排除掉。因此，对原因和结果的思考，并没有给我们什么很好的理由来接受前提 3 的主张，即任何第一因都是上帝。

还有一个对上帝是一种特殊的原因这个主张的不同辩护。新出现的观点是，上帝如此伟大以至上帝不需要被引起而存在。与之相比，所有次级的存在者为了存在都需要获得帮助。

但是，伟大与被引起有何关系？为什么不能是这种情况，即在不存在任何致使其存在事物的情况下，一些很微小而不重要的粒子仅仅突然出现而存在，并且之后它引起其他事物存在？那种形而上学上不重要的不被引起的第一因看起来是可能的。这个看似的可能性使我们对前提3产生了怀疑。

或许上帝作为第一因的需要来自解释的需要。我们不能正确解释为何第一因仅仅突然出现，因为这样也许就不会存在任何解释。这是对可能性的反驳吗？如果我们要确保每个事物都有某种正确的解释，那么是的，它是对可能性的反驳。每件事情都有其解释，这个主张就是我们所知道的充足理由原则（Principle of Sufficient Reason）。

充足理由原则要求对任何第一因的存在都给出解释。对于没有第一因的无限因果系列，这个原则也提出了问题。或许无限系列中的每一项都被解释为前一个原因的结果。但是，根据充足理由原则，那还不是需要解释的全部。整个系列也需要解释。充足理由原则需要人们对于是什么解释了整个系列存在的原因这个问题给出答案。因此，根据这个原则，第一因和整个因果系列都需要解释。

对于这个原则对无限因果系列提出的问题，第一个回应是：整个系列或许有衍生出来的解释。也许当系列中的每一个事件被解释了，那些所有的解释的联合就解释了事情整体。

第一个回应也许看起来十分可疑。或许系列中的每一个要素引起了下一个要素产生。但这些因果事实完全解释了究竟为何那个特定的偶然系列的存在吗？

应该没有。充足理由原则要求它给出一些解释。但是，如何保证这个原则是真的呢？当我们思考事物本来可能会如何运行时，一些事物仅仅存在，没有任何解释，这似乎是可能的。为何不是可能的？可能这种情况在理智上是令人沮丧的。但是，我用什么来保证那种理智上的满足总是可获得的？充足理由原则宣称，那种解释一直存在。不过，为何我们相信它？"充足理由原则"这个崇高的名称并不能使该原则为真。而且贴上了崇高标签的原则为数众多。不充足理由原则（Principle of Insufficient Reason）宣称，有些事情没有解释。这两个原则相互矛盾。对可能性进行的思考似乎告诉我们，或许每一个原则都本来是正确的。思考事情或许会是怎样的，并不能提供理由让我们特别地相信充足理由原则实际上是真的。

如果没有什么能保证充足理由原则是真的，那么这个原则就对该论证没有帮助。它并没有给出合理的辩护以让我们拒绝承认反对前提 3 的那些明显的可能性。例如，一切事物都开始于宇宙大爆炸，而不是始于上帝，而对于大爆炸，我们没有解释它的理论，这似乎是可能的。在我们有一个合理的根据来否认那样的可能性存在之前，前提 3 都是不确定的。

依赖者

论证还有一个有趣的不同版本。这个新版本是关于非因果的依赖的。本体论上的依赖关系（ontological dependence）在于一事物同时需要另一事物以支持它的存在。这个观念避开了明确的定义，但它有一种清晰的说明。考虑一下金枪鱼沙拉酱三明治。在任何时候，这个三明治的存在都源自面包、金枪鱼沙拉酱和组成它的任何其他成分。没有它们，它将什么也不是。三明治的成分不是引起它存在。倒不如说，它们直接给予了三明治的存在。三明治在"本体论上依赖"（ontologically depend）它的成分。不以这种方式依赖任何其他实体的任何事物都是本体论上独立的（ontologically independent）事物。

利用这个本体论依赖观念，新版本的论证反而与前面的论证恰好相似。

本体论依赖论证

阶段一

前提 1：有本体论上依赖他者的事物。

前提 2：任何本体论上依赖他者的事物,其存在都最终源自本体论上独立的某物。

结论 1：本体论上独立的某物存在。

阶段二

结论 1：本体论上独立的某物存在。

前提 3：如果本体论上独立的某物存在,那么上帝存在。

结论 2：上帝存在。

前提 1 做出的关于本体论上依赖的存在的主张完全可靠。许多事物,例如金枪鱼沙拉酱三明治,都能说明这个主张是真的。人们认为前提 2 是真的,因为一个无穷无尽的本体论上依赖的序列明显是不可能的。人们认为前提 3 是真的,因为只有上帝足够全能和全知,才有能力不依赖所有其他实体而存在。

在此，我们可以效率高一点。对本体论依赖论证（Ontological Dependence argument）的质疑与对第一因论证（First Cause argument）的质疑类似。

首先，就前提 2 而言，确切地说，为什么不能存在一个无穷的本体论依赖的序列呢？例如，为什么不能是一个大一点的部分组成的无穷序列，其存在依赖越来越小的部分？序列的绝对无限性并不会使它难以想象。在前面，我们看到，可以通过考虑负整数来设想一个无尽的系列。如果这个系列反而是不可能的，那为何如此？在我们没有看到一个很好的理由之前，前提 2 一直是不确定的。

而且，为何只有上帝有资格作为本体论上独立的存在？设想存在大小像没有部分的点那样的物理粒子。为什么我们认为它们的存在必须要依赖任何其他的事物？

在我们对这个问题有好的回答之前，我们有理由怀疑前提 3 所声称的上帝是独一无二无的本体论上独立的存在者。

设计世界论证

当我们远离先前的论证，考虑一下这些论证试图做什么的时候，它们看起来令人惊叹地宏伟。论证所利用的仅有的关于我们周围世界的事实是结果存在，以及本体论上依赖他者的事物存在。像那些简单的、抽象的和中立的事实似乎全都从一个全知、全能和全善的创造者那里移除了。由此，建立在那个贫乏基础上的论证最终不足以证明上帝的存在，这一点也不足为怪。

世界上实际的事实比那些可能存在的，仅仅是陈旧的结果及其依赖者的东西要精彩得多。或许一些关于事物实际如何的令人惊叹的事实可以提供上帝的存在。

假设整个宇宙是无计划的和纯粹偶然的。那它将会是什么样的呢？我们可以把这个问题应用到我们所观察到的关于偶然事实的事情上。偶然产生混乱。汽车撞毁、桥梁倒塌，以及一般的意外事故，导致陷入混乱。是的，偶然也存在幸运的意外，某个组织结构碰巧形成。一些无意中溢出的颜料偶然形成一些规整的形状。但那种情况非常特殊。而且，如果意外不断发生，在这个情形中的任何组织结构都将最终瓦解。更多颜料意外溢出去会消除漂亮的图案。因此，如果宇宙完全是偶然的，那么我们的观察会让我们认为它或许将以混乱无序的方式呈现出来，而有规则的模式仅仅会偶然短暂地出现一下。

然而，我们所发现的结果并非如此。相反，我们发现了大量有组织、有结构的例子，与复杂的机器十分相似。我们所知道的最引人注目的机器般的结构涉及生命。这个例子涉及的范围很广，从单细胞的成分之间错综复杂的相互关系，到整个有机体和生态系统的惊人的复杂状态。亚细胞水平的结构，从分子的结构到原子和亚原子粒子的结构，也是被高度组织的。在更大的范围内，我们找到了行星系统、星系和星系群。

我们已经观察到秩序是怎样被引进来的。我们观察到的结果是，机器般的秩序是被心灵强加上去的。我们看出，从简单工具到惊人的复杂系统，如电脑和远洋客轮，那些秩序都是通过设计产生的。我们确实观察到无思想的机器装置在流水线上工作，它们将原材料组装成飞机、火车和汽车。但是，最终总是证明是心灵设计了这个系统。

关于宇宙的起源，这个对比告诉了我们什么？上帝存在的设计论证明的支持者认定，它为全部事物背后的神圣心灵提供了强有力的证据。他们争辩说，宇宙始终有一个机械般的结构。他们补充说，能胜任这个全体设计任务的唯一的心灵是神圣创造者，即上帝的心灵。

版本一

这是这个推理的第一个版本,它分为两个阶段。

阶段一

前提1:宇宙在时空的每一个尺度和范围内都呈现出机器般的复杂结构。

前提2:宇宙呈现那样结构的唯一可能方式就是它是以此目的被智慧地设计出来的。

结论1:宇宙是被智慧地设计的。

阶段二

结论1:宇宙是被智慧地设计的。

前提3:如果宇宙是被智慧地设计的,那么它就是被上帝设计的。

结论2:上帝存在。

前提2将前提1关于宇宙秩序的主张与第一阶段的结论联系在一起,以至不可避免地得出上帝存在的结论。尽管如此,这个推论使前提2与那种可能性极小的可能产生了冲突。设想一下在所能想象的最为巨大的宇宙中的所能想象的最为秩序井然的安排。我们将这个设想称为"MOHU",即"巨大宇宙中的最高秩序"(Maximally Orderly Huge Universe)。在某种程度上,如果我们知道自己处于MOHU中,那么,认为我们的MOHU是没有理由和偶然发生的,这将十分荒谬。它的可能性如此之小,以至几乎是不可能的。论证第一阶段的问题是,MOHU的偶然存在仅仅是几乎不可能的,而并非是完全不可能的。不管MOHU有多少结构,它的材料或许可能碰巧以那种方式组织自己,以极为侥幸的方式发生。如果我们怀疑这个,那我们的怀疑可以打消。我们必须承认,一些微小的结构可能偶然发生,比如,一个简单的形状从随机的波动中产生。再多一点的结构会怎样呢?无疑,它的可能性会降低。但是,它依然是一种可能性。结构更多一点,再多一点,再再多一点会如何呢?我们发现,自己就像承认一辆劳斯莱斯随机产生那样承认了结构的可能性。而我们不能在此止步。仅仅是可能性在不断降低,我们不会达到任何不可能。最终,我们必须承认,猴子随机的打字或许可能打出"哈姆雷特"这个名字。没有可辩护的终点,而我们最终会承认一个偶然的MOHU的可能性。前提2否认了偶然的MOHU的可能性,而这对前提

2 来说是不利的。

版本二

推理有另一个可选版本。一些论证使它们的结论极为合理，尽管它们提供的是一些缺乏证据的东西。如果设计论的考虑能够为上帝存在的结论提供证据，那么它将会是一个重要的结论。我们说过，偶然的 MOHU 是可能的。尽管如此，发现我们自己在一个 MOHU 中，认为它是一个偶然的 MOHU，都将会是非常不合理的。我们可能会看到到处都是极为合秩序的安排。出于某些理由，它们可能是几乎确定的存在，这些秩序或者存在于 MOHU 规律的本质中，或者存在于创造者的心灵中。否认我们的 MOHU 是因侥幸的偶然而存在是更加明智的。如果我们能够表明，断言上帝存在与否认 MOHU 偶然发生是同样合理的，那么上帝存在的主张就会得到强有力的支持。甚至稍微弱一点的支持也将会十分有趣。

让我们返回来看看，关于有组织的结构来源问题，我们的观察表明了什么样的结论。我们的观察认为，这样的看法，即许多机器般的秩序是偶然发生的是极其不合理的。认为这个秩序的存在是偶然的，这似乎是对它进行的一个非常贫乏的解释。相比之下，认为该秩序执行了有计划的设计能使我们可以理解它的存在。设计论论证的支持者可以将上帝的设计作为我们在宇宙中发现的结构的最好的解释。为了体现这个想法，我们可以用一个关于解释的主张代替设计论证明（Demonstration by Design）的前提2。

设计的最好解释

阶段一

前提1：宇宙在其每一个空间尺度内都呈现出其机器般的结构。

前提2：宇宙呈现出这样结构的最好解释是宇宙是被智慧地设计的。

结论1：宇宙是被智慧地设计的。

阶段一假定对某物最好的解释很可能是真的。阶段一并没有为它的结论即结论1的真提供证据。但是，如果它能证明这一点，那将为我们相信结论1提供很好的理由。

阶段二

结论1：宇宙是被智慧地设计的。

前提3：如果宇宙是被智慧地设计的，那么它是被上帝设计的。

结论2：上帝存在。

我们暂时不质疑前提1，那前提2的可信度如何呢？最初，它看起来十分合理。还有什么样的解释能像"秩序来自一个智慧的计划"这样的解释那样好，以至它能用来解释我们所观察到的高水平秩序吗？

有一个能与之媲美的假设：无计划的物理规律存在——物理学规律、化学规律、生物学规律以及其他科学规律——并且这些对宇宙中的物理材料产生作用的规律，产生了高级秩序。这种自然的解释确实奏效，它解释了我们在分子、有袋类动物和湿地等事物中所观察到的机器般的组织。我们可以理解一些规律如何作用于某些材料，以至这些材料能通过符合这些规律而形成有秩序的排列，最终产生出我们在宇宙中发现的高级秩序系统。要完成对细节的解释，科学还有很多事情要做。关键是，我们看到，这是一个解释秩序形成的途径。

秩序是创造者对其计划的实施这一解释也有效。我们理解，通过实施一个智慧的计划，机器般的秩序能够发生。前提2声称，后一个解释是最好的解释。但迄今为止，两个解释似乎同样能解释讨论的现象。那么，为何我们还要认为设计论解释更好呢？

有时候，人们会抱怨说，纯粹的物理解释仅仅理所当然地认为，存在的物理规律和材料产生出了观察到的秩序。"是的，"我们承认，"只要是当前的物理规律和材料恰恰是偶然地结合并产生了秩序，那我们就能理解秩序的出现。但是，这仅仅退回到需要解释的现象：为何存在物理材料和规律的显著结合？为何其结合会产生我们观察到的高水平组织结构？"

注意这个回答承认了什么。它承认了物理解释解释了秩序的存在。它不满意的原因是，物理解释依赖某种其他的事物，即规律和材料排列的结合，而它们需要给出进一步的解释。

这个依赖并不表明物理解释比设计论解释更糟糕。创造者设计世界的解释也依赖一些事物，它依赖一个智慧的设计者、设计者为如此这般的宇宙制订的计划，以及设计者在宇宙中完成其计划的能力的存在。这些东西的存在也需要解释。仅仅满足于它们存在而没有任何解释，这大概十分武断。

在此，我们还完全不清楚哪一个解释更好。一个设计和创造整个宇宙的强有力的智慧存在者或许是世界上最令人惊异的存在。与偶然结合在一起产生观察到的秩序的自然规律和材料的存在相比，那样的存在者可能看起来要更加非同寻常。毕竟，我们承认了自然事物偶然产生高水平秩序的可能性，不管这种可能性多么渺茫。一个进行设计的创造者的存在有那么可能吗？如果正常的物理成分的存在需要解释，那么一个设计世界的创造者的存在更加迫切地需要解释。

有人声称，上帝的存在是自我解释的；另外一些人拒绝承认上帝的存在需要解释。这些主张非常含混，令人怀疑。第一个主张似乎是说，因为上帝存在，所以上帝存在。这只是一个令人困惑的主张，它从未给出任何解释，仅仅在重复需要解释的内容。如果上帝存在，那么一个全能的上帝或许拥有维持其持续存在的全部所需之物。但是，首先，上帝的存在就是我们现在关心的事情。同样，说上帝的存在不需要解释，也让人难以琢磨。为什么不需要解释？如果上帝的存在有一些理所当然的不错的理由，那为何不将那些理由也应用到物理解释中的规律和材料中呢？为何它们仍需要解释？

如果最终存在关于设计论解释的不错的说法，还需要我们去发现它。在我们明确地看到它之前，前提 2 一直是令人怀疑的。

前提 1 又怎么样呢？真的是在所有的空间中宇宙都被组织得这么好吗？这令人怀疑。在我们当前能观察到的最大的空间范围内,星系并非随机地分布,而是往往聚集在一起。但也就是这样。它们并非按照风车图案或任何其他精美的结构进行排列。聚集在一起不是一个很显著的组织类型。同样,我们当前也有关于它在最小的空间范围内的信息,在由夸克组成的粒子的范围内,有三个夸克紧密结合在一起并急剧运动。这并不是很像一台复杂的机器。当我们回顾在久远的过去遥遥领先的理论时,我们发现,与当前的理由先比,当时最重要的宇宙论找到的结构不那么复杂精致。返回到大爆炸理论,这个理论声称,事物的结构会越来越不像机器般复杂。再看看大冻结理论(Big Chill),这个理论给出了同样的观点。因此,前提1非常令人怀疑。

我们可以用世界上呈现出的更加清楚的较局部的秩序代替前提1。但是,展现出机器般的秩序的现实所占的部分越小,这个秩序就越可能是偶然的。回顾一下,我们对偶然事件的观察允许偶然的模型仅仅是自然规律运作的偶然结果。整个世界的遍及所有时空的机器般的秩序,超越了那个水平吗?这个问题是关于详细的事实的,它没有明显的答案。

还有其他类型的秩序,有时会在设计论论证中被引用。一种是由自然规律运行的连续规律性所构成的秩序。这个秩序呈现在我们所知的整个宇宙中,包括那些机器般的结构没有出现的区域。如果我们用这个合乎规律的秩序的存在来代替前提1的主张，这对解释设计世界的创造者来说情况会更好吗？

对于第二个前提，我们也必须要进行调整。调整之后，第二个前提必将声称，那个智慧的设计是对这个合乎规律的秩序的最好解释。但这个新前提也让人怀疑。当我们谈到机器般的秩序，我们很熟悉心灵是如何引进它的。我们已经观察到心灵导致了机器的产生。但是，当谈及某个与自然规律的运行完全一致的事物时，我们没有观察到心灵产生任何这样的事物。自然规律就像规则一样。心灵确实产生规则，但在我们的经验中，智慧的心灵从来都不这样做：不管对于什么事情都强行实施同样的规则，不做任何变动。至少在我们为这个绝对连续性找到足够好的理由之前，将那样的秩序归于智慧的设计并不能使我们理解为何该秩序存在。

这是我们怀疑的最初根据。一些关于上帝的观点给出了上帝创立不变规律的其他候选理由。而且，根据一些宗教观点，自然规律并不是完全持续不变的，因为它们曾经被不可思议地违反。这些观点也相应地引起了激烈的争辩。

有人指出，作为设计证据的另一类秩序是一种物理量之间的调整。根据当前的理论，如果某些基本的物理量值大小不是恰好如此，那么它们或许本来不会形成复杂的原子，更不能形成人类生命。这证明了宇宙是为我们在其中存在而设计的吗？

我们产生怀疑也是有根据的。假设人类生命依赖自然中的某些完全合适的基本量级。人类生命占据了我们所知的宇宙的极小一部分，而且根据宇宙论标准，人类是极为新近的事物。如果宇宙是由足够智慧和有力的心灵为我们设计出来的，并通过调整物理量来让我们最终到达这里，那么为何这个心灵不更加高效地把我们创造出来呢？

此外，对于最初的怀疑，我们或许可以找到答案。或许时空中巨大的无生命的部分服务于其他智慧的目的。我们已经提出并讨论过那样的目的。

在此，问题将不会得到解决。对于将第一个前提换成一个其他种类的秩序的做法，我们并没有确定其价值的简单方式。不管第一个前提最终以何种变化形式进行，设计论论证的阶段二都有一个需要我们注意的问题。

我们提出的对设计的解释的这些质疑与大卫·休谟（David Hume）在其杰出的著作《自然宗教对话录》（*Dialogues Concerning Natural Religion*）中的观点很相似。阶段二中的前提3受到休谟其他一些有力的观点的影响。首先，休谟认为，在观察秩序的起源时，我们利用的是更加具体的细节。例如，在我们的经验中，任一庞大的建筑工程都有各种各样的具有有限知识和能力的设计者。如果宇宙是被设计而创造出来的,那么它是所有建筑工程中最为庞大的工程。因此,我们的经验将引导我们期望一个由有限能力的设计者组成的巨大的团队来完成这个项目,而不是期待一个全知全能的上帝。我们知道有什么能推翻这个经验所得吗?如果没有,那么前提 3 就是极为成问题的。

从概念上获得保证的上帝

概念(concept)是我们的思想对某物进行分类的方式。我们所有人都拥有不计其数的概念。我们有哺乳动物概念、糖浆概念、玩具概念、友谊概念、重力概念、视力概念、危险概念、枯燥乏味的清单概念,如此等等。单称概念(singular concept)是对单一事物的一种分类,如果这个概念得到完全应用,它让我们想起一个单个的事物。我们对单称概念很熟悉,日常生活中有很多例子。当唐纳的腊肠犬多布森独自待在唐纳的房间里时,它喜欢很享受地趴在沙发上,占着它喜欢的枕头,像帝王一样舒适。当多布森这样做时,我们可以以许多种方式想到它——例如,将它看作沙发上的狗,看作枕头上的腊肠犬，看作房间里的狗，等等。这些就是单称概念应用于多布森的方式。

一种很重要的思考路径认为，上帝是任何人都能想到的最伟大的存在者。如果是这样，那么一个上帝的单称概念就是最伟大的可想象的存在者的概念。我们会非常需要"最伟大的可想象的存在者"（greatest conceivable being）这个概念。我把它按首字母缩写为：GCB。

近一千年前，中世纪哲学家安瑟尔谟（Anselm）论证说，出于我们通过思考概念自身的本性就能发现的事实，GCB概念必须应用到一个存在的实体即上帝身上。这个推理被称作"安瑟尔谟的本体论论证"（Anselm's ontological argument）。[1] 无论何种版本，本体论论证都对许多哲学家极具吸引力。这个吸引力与这样一个卓越事实相关，即我们认为，自己仅仅通过正确地思考就能够找到我们所需要知道的全部，并看到它们自己证明自己。它们是带有极大回报的纯哲学——如果它们有效的话。我们下面将要仔细考虑的本体论论证是对安瑟尔谟极具

---

[1] 本章考虑安瑟尔谟论证的目的是思考它是否表明上帝在现实中存在。在"为何不是无？"一章中，我们讨论另外两个本体论论证。在那里，我们的目的是确定它们是否能表明一个必然的存在者存在，而不管这个存在者是否有资格成为上帝。

影响力的推理进行的重构。

为单称概念挑选出的事物找到一个称谓,这将会很有用。换句话说,如果存在由一个单称概念专名命名的实体,我们需要找到一个术语来满足这个实体。例如"唐纳的狗"这个概念,是对唐纳拥有的那一条狗的称呼。这个概念或者应用或者不应用于那条狗身上。我们把单称概念挑选出的实体称作概念的对象(target)。

典型的单称概念不需要有对象。考虑一下"月球上的勺子"这个概念。如果一把勺子偶然地位于月球上——或许是宇航员落在那里的——那么这个概念的对象就是那把勺子。否则,月球上的勺子概念就没有对象。不管是哪种方式,月球上的勺子概念都是我们的概念之一。"沙发上的狗"这个单称概念、"距离地球最远的恒星"这个单称概念等同样也是如此。

关键问题: 我们的 GCB 概念能缺乏对象吗?

根据安瑟尔谟的观点,它不能缺乏对象。他让我们先假定 GCB 概念没有对象。换句话说,假设 GCB 不存在。安瑟尔谟论证说,如果是这样,我们就可以形成另一个比 GCB 更伟大的概念。我们可以让 GCB 概念加上存在(existing)观念,这样就得到了"存在的 GCB"概念（简称 EGCB）。安瑟尔谟认为，在没有 GCB 存在的环境中，我们的 EGCB 概念是比 GCB 概念更伟大的某物的概念。理由是，存在是比不存在更好的状态，在我们的 EGCB 概念中，我们会很明确地要求其存在。

但是等等！安瑟尔谟指出，我们不可能形成任何一个比最伟大的可想象的存在者还要伟大的存在者的概念。GCB 是我们能想到的最伟大的存在者——这个概念自身就说出了这一点。因此，我们不能想到一个更伟大的存在者。然而，在刚才描述的情形中，我们认为自己正在设想一个更伟大的存在者。就像我们刚才所看到的那样，这是可能的，那我们在设想这个情形时，必定假设了某种不真的东西。安瑟尔谟认为，在这个设想中唯一成问题的是最初的假定，即 GCB 概念没有对象这一假定。如果那个假定是错的，那么 GCB 概念就确实应用于某物之上。因此，GCB 概念的对象，即 GCB 存在。GCB 就是上帝，因此上帝存在。这个推理可以总结如下。

安瑟尔谟的本体论论证

阶段一

暂时的假设（TA）：GCB 概念没有对象。

现在加上这个前提：

前提 1：如果 GCB 概念没有对象，那么 EGCB 概念就是一个比 GCB 概念更伟大的概念。

从 TA 和前提 1 推出：

暂时的结论（TC）：EGCB 概念是一个比 GCB 概念更伟大的概念。

加上另一个前提：

前提 2：不存在比 GCB 概念更伟大的概念。

前提 2 表明，TC 是不真的，因此，让我们得出 TC 的暂时的假设 TA 必定是不真的，换句话说，我们可以推出：

结论 1：GCB 概念确实有其对象。

阶段二

结论 1：GCB 概念确实有其对象。

前提 3：如果 GCB 概念确实有一个对象，那么 GCB 存在。

结论 2：GCB 存在。

阶段三

结论 2：GCB 存在。

前提 4：GCB 是上帝。

结论 3：上帝存在。

让我们从仔细考虑前提 3 开始，从一个积极的角度对这个论证进行批判性思考。如果一个单称概念有对象，那么这个概念确实应用于某个存在物之上，这是完全可行的。例如，既然"唐纳的狗"这个单称概念有真实的狗多布森作为它的对象，那么唐纳的狗存在。

现在让我们考虑一下最后的假设，即前提 4。最初，上帝是 GCB 这个假设看似很可信。但是，或许我们能设想比上帝更伟大的某物。比如什么？好，考虑一个能力有限的人，他战胜逆境，并表现得像超人一样英勇。在某种程度上，那样的人似乎比道德上无瑕疵的、拥有无限知识和能力的上帝更好。因为上帝的知识过于渊博、能力过于强大，以至他不能是英勇的。或许，英勇气质是我们可以想象出来的比传统的拥有能力与知识的上帝更伟大的存在者的一个品质。

这个问题是有争议的。不过，上帝可能依然被证明是最伟大的存在者。例如，上帝的伟大之处也许包含了上帝在最大程度上拥有所有积极的品质，如知识、能力和道德上的善。这听起来似乎是一个无与伦比的结合体。

然而，上帝拥有最大程度上的伟大性这个观念是有风险的。重要的积极品质未必都能有一个可能的最大限度。例如，道德上的善的一部分是行善，然而，不管一个人做多少善事，他似乎都有可能再做更多的善事。因此，道德上的善或许没有最大的限度。如果积极品质没有最大限度，那我们就不能通过想象一个拥有道德上最大程度的善的存在者来得到 GCB，因为我们得到的是一个不可能的存在者。任何确实存在的、善的存在者肯定都比任何不可能的存在者更伟大。因此，以上帝拥有最大程度积极品质的方式试图让上帝成为 GCB 是成问题的。

为了对前提 4 的真得出合理的结论，我们需要更多的思考。但是，不管前提 4 在阶段三中起到了多好的作用，阶段二进行的成功推理过程都不容忽视。对阶段二的结论即结论 2 的证明将会是一个十分有趣的形而上学问题。对最伟大的可想象的存在者的实际存在的建构将会向我们表明关于实在的一些绝妙之处。

阶段一中的前提 1 和前提 2 被认为是理所当然的。如果二者之中的任意一个不为真，那么结论 1 在阶段一中就没有得到证明，阶段一就不成功，那么整个论证就会失败。让我们再思考一下前提 1。

前提 1 声称，如果 GCB 概念没有对象，那么 EGCB 概念是更伟大的某物"的"概念。对"的"（of）的解释对评价这个论证十分关键。我们在此应该区分两种解释。首先，一种解释是，对一个更伟大的存在者"的"概念来说，就是对这个概念的对象即更伟大的存在者来说。这个解释告诉我们：

前提 1.1：如果 GCB 概念没有对象，那么 EGCB 概念的对象就是比 GCB 概念的对象更伟大的事物。

如果 GCB 概念没有对象，那么一些其他的概念就很容易拥有更伟大的对象。而其他的概念也许仅仅必须应用到比无（nothing）伟大一点儿的事物上。任何善的事物都比无更伟大。因此，一个存在的善的事物的概念将会有资格拥有比 GCB 概念更伟大的对象。但是，这个 EGCB 概念会像前提 1.1 所说的那样，拥有更伟大的对象吗？

假定 GCB 概念没有对象。我们记得，它的意思是说，GCB 概念不应用于任何事物。如果无是最伟大的可设想的存在者，那么无是现在存在的最伟大的可设想的存在者。因此，如果 GCB 概念应用于无，那么 EGCB 概念也是如此。既然它们都缺乏对象，那么它们对象的伟大之处就是无的伟大之处——这毫无价值！因此，如果 GCB 概念没有对象，那么 GCB 概念和 EGCB 概念在其对象的伟大性上就会以零比零持平。这否认了前提 1.1 所说的 EGCB 概念会有一个更伟大的对象的说法。因此，如果我们已经将前提 1 准确无误地解释为前提 1.1，那么前提 1 就是假的。

对于前提 1 还存在另一种解释。这个新观点就是，如果 GCB 概念没有对象，那么，EGCB 概念需要的伟大性就比 GCB 概念更多。换句话说，如果 GCB 不存在，那么在尽我们可能的想象来想象最伟大的存在者时，EGCB 概念会在竞争中击败 GCB 概念。很明显，两个概念都需要应用于极度的伟大性。但像我们现在解释的那样，根据前提 1，在真实的 GCB 缺失的情况下，EGCB 概念将会需要更伟大的伟大性。这告诉我们：

前提 1.2：如果 GCB 概念没有对象，那么 EGCB 概念所需要的伟大性比 GCB 概念所需要的伟大性还要多。

前提 1.2 经不起认真推敲。GCB 概念在需要伟大性上已经全力以赴，它需要的是"最伟大的"伟大性。它需要最大限度的伟大性，不管它的要求是否得到满足。例如，存在显然是我们想象出来的最伟大之物的一部分。任何本来可能存在，但不存在的"事物"，至多可能是伟大的。"它们"不是伟大的。"它们"不是任何事物，更不是什么伟大的事物。如果这个现象，即伟大性需要存在是正确的，那么 GCB 概念与 EGCB 概念就需要同样多的存在。如果这个现象是错误的，那么 EGCB 概念不需要通过明确要求存在来要求更多的伟大性。

不过，在这场竞争中，GCB 概念根本就不可能被击败。GCB 概念要求"最伟大的伟大"，并且就是如此。而前提 1.2 声称，在特定的情况下，即在 GCB 不存在的情况下，EGCB 概念需要更多的伟大性。这种说法必定会出错。因为一个 GCB 的存在与否不会改变任何概念的应用要求。一个概念的应用要求就是让该概念成为它所是的概念的东西。例如，巧克力概念是巧克力的概念，而不是香草的概念或草莓味冰激凌的概念，或任何其他概念，因为巧克力概念是一个需要明确应用到巧克力上的概念，不多也不少。一个概念的要求就是让它成为这个概念的东西。GCB 的不存在不影响 EGCB 概念的要求，包括 EGCB 概念是否比 GCB 概念需要更伟大的事物。而且我们刚才已经看到，EGCB 概念不要求任何更伟大的事物。因此，这个对前提 1 的第二种解释也是不真的，并不能对安瑟尔谟的本体论论证有任何帮助。论证的第一阶段依赖对前提 1 的某种解释的真，既然不管得出什么结论，论证都需要阶段一是有效的，如果我们的批评是正确的，那么这个论证就得不出任何结论。

总　　结

我们已经看到了我们考虑的每个上帝存在论证的问题所在。不过，我们不要仓促得出结论，因为即使我们发现了所有上帝存在的论证中的问题，也并不会得出上帝不存在的结论。不能被我们证明其存在的实体也许是存在的。它们或许在未向我们透露实情的情况下存在。上帝有可能是那样的存在者。或者，他可能会被我们尚未考虑过的论证揭示出来。

尽管如此，还是让我们不要匆忙得出结论。我们刚才看到的对上帝存在的论证是无效的。

有时，犯罪的每个线索单独来看并不意味着太多的东西，但将它们结合在一起就能对某个导致罪行的原因做出强有力的论证。同样，几个论证中的思想结合在一起或许会有更好的结果。我们关于某个事物可以有的最合理的信念，是建立在所有相关可获得的证据基础上的。因此，在得出关于上帝存在的任何令人信服的结论之前，我们会尽量看看我们的结论结合在一起有何效力。

有初步迹象表明情况有所好转。例如，我们从设计论论证的讨论中得到了支持宇宙展现出各种不同类型秩序的观点，当我们将这个观察结果包括在内时，宇宙有上帝作为其第一因的观点似乎就变得更加合理了。另一方面，宇宙是否真的仿佛是被一个智慧的设计者安排好的这个疑问，也延伸到了对上帝是宇宙的第一因的质疑。

从整体上综合起来评价上帝存在论证的效力，需要评价在第一因论证、设计论论证以及本体论论证中的每一个步骤。而在完成此之后，我们或许依然不能得出最合理的结论。还存在更多的证据以及其他对上帝存在的论证，也存在其他反对上帝存在的论证。最突出的一个论证——恶的问题（problem of evil）——承认一个全知、全能和全善的存在者永远都不会允许这个世界上存在恶，因此那样的存在者不存在。这个论证形成了几个不同的版本。它们也相应地受到了认真的批判和审视。所有这些都是我们在上帝存在问题上可以找到的证据，以及对全部证据的组合和权衡所发起的挑战……我们从未说过形而上学是个轻松和容易的问题！

不过也没有必要沮丧，我们已经考察了上帝存在的主要形而上学论证的价值，因此，我们严肃的研究进展十分顺利。

拓展阅读

关于上帝存在问题，有大量的哲学文献。以下是近年来出版的两部重要著作。第一部倾向于赞同反对上帝存在的论证，第二部倾向于赞同上帝存在的论证。

乔丹·霍华德·索贝尔（Jordan Howard Sobel），《逻辑与神学》（*Logic and Theism*, Cambridge University Press, 2004）。

理查德·斯温伯恩（Richard Swinburne），《上帝的存在》（*The Existence of God*, 2nd edn, Oxford University Press, 2004）。

第五章

为何不是无?

引　言

设想你在你的土豆汤中发现了泡菜，于是很生气地问，"为什么我的土豆汤中有泡菜？"有人告诉你是莫特在准备你的土豆汤时放进去的，他这样做是因为好心肠的老人鲍勃的恶作剧，他告诉莫特你最喜欢在土豆汤中放泡菜。

你或许依然不满意，但这已经向你解释了泡菜的出现。这不是一个最终的解释，而是将很多事情当作理所当然的。它没有解释鲍勃搞恶作剧的意图，也没有解释莫特做土豆汤的能力。从根本上说，它没有解释莫特、鲍勃或泡菜的存在。一个更充分的解释会解释这些东西。不过，更充分的解释也会将很多事情当作理所当然的，可能包括一些背景条件、心理学及生理学的一般原则。

这个例子的解释体系似乎是非常典型的。对任何问题的任何回答似乎都包含一些理所当然的事情。解释是用一些事情来解释另外一些事情。

然而，这就产生了以下形而上学问题，到哪里为止似乎就不允许我们想当然了。而且，这个形而上学问题似乎像问题 Q 所能达到的那样基本。

Q：为何有某物存在，而不是无（nothing）？

Q 问的是究竟为何有某物存在。任何基于某物对 Q 做出的解释似乎一回答就是不合格的。不管我给出多少基础性的回答，Q 要求解释的都是为何这个基础一开始就是存在的。而如果一个答案没有建立在任何基础上，那它怎么能是一个好答案呢？

问题是什么？

我们必须确定，我们正在致力于一个形而上学问题。我们应该先不理会手边的科学问题。根据既定的科学，整个宇宙源于一次爆炸，大爆炸。如果是这样，那么我们可以提出这样一个问题：

> **QBB**：如何解释大爆炸——为什么发生了大爆炸？

对于 QBB 没有既定的科学答案。但它是一个科学问题。对于大爆炸，我们可能会给出一种典型的因果解释。那样的因果解释会给出使大爆炸根据自然规律而发生的一个或多个事件和条件。或者，我们或许仅仅用自然规律来解释大爆炸。我们或许会发现，一个或更多的基本自然规律使大爆炸不可避免地必然发生，或者，使它有或多或少发生的可能性。

无论如何，经过进一步的思考，我们会看到，很明显，Q 并未要求以原因或规律来解释大爆炸。实际上，Q 提出的主要问题似乎完全无法回答。

为澄清这个形而上学问题，让我们思考一下我们能规定的极小的可选实在。这是一个绝对为空的实在——没有物质对象，没有时空维度，只有无。而用"无"（nothing）这个词，我们是指：无！我们最大限度的最小实在不包括任何对象或维度，不包括任何自然规律或任何倾向。它完全为空，让我们把它称为"W"。

这个 W 至少看似是实际情况的一个可能选择。Q 可以问的一个问题如下：

QM：为何对实在来说还存在多出空的 W 的事物？

如果 QM 就是 Q 要问的问题，那么对大爆炸问题的科学回答——用原因和结果对它的解释——似乎是不合格的。通过至少依赖一个解释大爆炸发生的其他事物，如一个原因或一个规律，那些回答告诉我们为何某事即大爆炸发生了。但是，因为 W 不包括任何事物，所以 QM 也在问那些其他事物存在的原因。QM 问的是所有种类的一切存在之物。因此，对这个问题的回答似乎就不能将任何种类事物的存在当作理所当然的，甚至自然规律也不行。在未经任何解释的情况下，所有从科学得到的答案，都至少将一个这样的实体当作理所当然的。

我们理解问题了吗？

我们真正理解了 QM 吗？毕竟，我们完全不熟悉空无一物的现象。实际上,将它称为"现象"(phenomenon)也言过其实。无(nothingness)是所有现象和一切其他事物的不在场。我们的心灵对此无法理解。

不过,经过重新思考之后,我们的心灵对此就不再困惑了。让我们从词语"无"开始。一个有"无"存在的实在就是没有任何事物存在的实在——没有任何种类的事物。这个观念我们理解,但却无法想象。一个静默的空的虚空(void)离我们如此之近,但它不是无。它是一个没有声音、光线或物质的空间区域。这也是某种事物。但是,理解问题说了什么并不要求我们有能力想象那个话题。例如,我们能理解关于惊讶的问题,我们很明白什么是惊讶。然而,我们没有惊讶的心灵图像。我们能想象,比如,阿曼达惊讶的样子。但那只是阿曼达惊讶的一些典型表现。同样,我们知道什么是可能性。我们能想象出特定的可能事物,但是想象不出其可能性。然而,我们依然能很好地理解关于惊讶和可能性的话题,能够充分理解关于这些话题的问题。因此,如果我们能理解 QM 在问什么,那么这并不是说我们能想象它是关于什么的问题。

更加肯定地说,这里有我们认为自己确实理解这个问题的理由。我们理解 QM 中的每个词语。"为何"(why)这个词语极容易产生困惑。这并不是因为我们会一无所获,而仅仅是说我们对这个词语的理解不够清晰。"为何"这个词语是在要求我们对话题进行解释，解释是各不相同的，问题并没有指明寻求的是何种解释。无论如何，我们确实看到它要求一个解释。这对理解问题来说就足够了。除了分别理解 QM 中的词语之外，我们也看到它们是怎样在语法上相互关联的。我们能将这些词语整合在一起，理解整件事情。我们可以通过将 QM 重新叙述为几个容易的词语以表明我们理解它：为何有某物存在？我们确实理解这个问题。

说我们理解一个问题并不是指这个问题很容易研究，更不是说它很容易回答。在 QM 的例子中，我们甚至很难回答什么将会有资格作为这个问题的答案。实际上，回答 QM 看起来似乎是毫无希望的，至少在最初看起来是这样。怎么可能存在一个不依赖任何事物的解释呢？

必 然 论

或许所有解释都是依赖某些事物的。不过，根据关于该话题的一个重要传统，这个事实并不能阻止我们解决 Q 提出的问题。通过表明 W 甚至是不可能的，传统认为，不像最大程度上空的 W，我们是可以解释实际存在的可能实在中为何有某物存在的。通过看到必定有某物存在，我们可以理解为何有某物存在而不是一无所有。更确切地说，我们可以看到一个或更多的特定的某物必定存在。这些可能是必然存在者（necessary beings），即在任何和一切可能情形下都存在的存在者。通过看到为什么一个或更多的必然存在者存在，我们就能理解为何实际上有某物存在。我们就能知道某物存在本就不可避免。

假设我们也能看到，依赖一些必然存在者而存在的每个事物，其自身也是必然存在者。如果是这样，那么我们就不必担心我们是在依赖一些事物来解释事物。如果我们确实能看到它们都是不可避免的，那么我们就不再有理由追问它们实际上存在的原因。

这种必然论路径（necessitarian approach）在形式上听起来很有前途，但在实质上十分可疑。如果它是正确的，那么我们将完全无物存在的 W 作为一种可能性就是犯了一个错误。然而，确切地说，在什么样的情形中 W 会是不可能的？仅仅是它没有物体？但那怎么就是不可能的呢？一些空间区域的暂时的空是可能的。而一旦我们认可这个，那有多少空间在多长时间内会是空的似乎就没有上限了。那么为何就不能存在一个完全空的实在？W 的不可能是由于它缺乏所有自然规律吗？但是关于自然规律不可避免的是什么呢？一些事物可能由于偶然而非规律而发生，那为何实在不能是完全无规律的呢？而且，如果某些有物体与事件的可能实在是无规律的，那么为何在没有物体的情况下还必须有自然规律？因此，还是同样的问题：对于 W 来说，什么是不可能的？

神圣必然论

必然论者能回答这些问题。在此问题上，必然论路径中的神学必然论者（theological necessitarian）和非神学必然论者出现了重大分歧。根据一个主要的神学必然论观点，上帝是必然存在者。上帝将会在任何可能的情况下存在，因此本来就不会存在空无一物的情况。

我们应该注意对神圣必然论（Godly necessitarianism）的最初质疑。这种质疑属于"可能性消失"（vanishing possibilities）问题。在此，我们谈论的是传统意义上的上帝。上帝必须是全知、全能、充满爱和仁慈的宇宙创造者。当我们问那样的存在者允许什么样的实在存在时，一些显而易见的可能性就消失不见了。例如，似乎明显存在着一些上帝不会允许的恶——或者是无辜受难的存在，或者是没有正当理由的人的堕落。因此，如果传统的上帝是必然的存在者，那样的恶就是不可能的。甚至连恶的可能出现都是一个错误观念。然而，对于不包含上帝的现实中如何包含那样的恶，我们想说出多少细节就能说出多少。将上帝从这个情形中排除出去并不能让恶成为不可能。因此，恶的不可能是令人怀疑的。

这并非事情的全部。上帝会允许无感知能力的生命实在存在吗？似乎不会。一个完全充满爱和仁慈的存在者似乎会想要与有感知能力的生物分享存在，会让这些生物好好生活。一个全能的存在者会有能力创造欣欣向荣的有感知力的存在者。因此，如果上帝必然存在，那么没有生命的实在就是不可能的。因此，许多更加明显的可能性会被证明仅仅是貌似如此的。

注意，上帝的存在并没有让这个问题陷入困境。有可能上帝是实际上存在的。只要上帝不是必然的存在者，那么，那些无价值的和令人反感的可能性就不必是由上帝来允许的。有可能上帝不在那些可选的实在中，因此不能阻止那种无法原谅的悲惨事件的发生。可能性消失问题是我们对必然的上帝的设想导致的。不过，在此它正是我们感兴趣的设想，因为正是这个设想暗示我们不会存在空无。

但问题变得更糟糕。很明显，一个有足够知识和能力的存在者可以在毫无损失的情况下避免任何一种错误或缺陷。一个有无限的爱、能力和仁慈的存在者将会避免所有的缺陷。因此，不管该存在者在何处存在，世界都将会完全没有任何缺陷。其他任何不完美也同样将被消除殆尽。如果这是正确的，那么倘若上帝是必然的，甚至连唯一的圆满也是可能的。然而，这似乎在无形中忽略了所有的可能性！我们本来认为可能的几乎所有事物都是不甚完美的。所有这些事物都将最终成为不可能的，这实在令人惊讶！因此，相信上帝是一个必然的存在者似乎要付出巨大的代价，那么我们为何还要这样认为呢？

对必然存在者的本体论论证

让我们研究一种经典的对必然的上帝的论证，即上帝存在的本体论论证。[1] 最初的证明版本分为两个阶段。第一阶段的

---

[1] 本章的本体论论证旨在证明传统上被当作上帝的存在者的必然存在。而"上帝"一章的本体论论证是要证明上帝的现实存在。本章讨论的两个版本的论证主要来自勒内·笛卡尔（René Descartes）在他的《沉思集》（*Meditations*）和《对卡特鲁斯的反驳的答辩》（*Replies to Caterus*）中的证明，尽管它们基本上不是要历史地再现笛卡尔的推理过程。第一个版本几乎完全归功于《沉思集》。

第一个假设主张，上帝概念是一个最大程度上完满的存在者概念。如果那不是你的上帝概念，就我们目前的目的来说，无关紧要。我们只是在寻找一个必然的存在者以回答我们当前的问题。如果这个必然存在者恰好与你的上帝概念相吻合，或者有资格作为上帝，那么那就是一个另外十分有趣和重要的事实。但实际上，它是我们目前的目的所附带产生的。[1] 在我们构建这个论证的时候，我们甚至连"上帝"这个术语都不使用。当前论证的目的是，通过使用最完满的存在者的概念来建构一个必然存在者的存在。我们可以彻底考察这个推理的价值，不管最终将会在将上帝理解成最完满的存在者和对上帝的其他理解之间发现何种关联。

我们先对这个论证进行一个初步概括。它是关于一个概念的论证。概念（concept）是我们的观念；它们是我们思考事物的方式。第一个版本论证的第一个假设断言了一个特定概念的存在。它声称，存在一个最大程度上完满的某物的概念。该论证在第一阶段的另一个假设是，任何最大程度上完满的事物都不可能不存在。依赖这些假设，第一阶段得出了最大程度上完满的某物存在的结论。

---

[1] 在"上帝"一章中关注的重点是相反的。

论证的第二阶段加上了第三个也是最后一个假设。这是必然的存在产生的地方。最后的假设主张，最大程度的完满意味着必然存在。通过运用这个假设，结合第一阶段的结论，该论证得出了最后的结论：某个最大程度上完满的事物必然存在。

简言之，以下是论证的整个过程。

本体论论证一

阶段一

前提1：存在最大程度上完满的某物的概念。

前提2：任何最大程度上完满的事物都必定存在。

结论1：最大程度上完满的某物存在。

阶段二

结论1：最大程度上完满的某物存在。

前提3：任何最大程度上完满的事物都必然存在。

结论2：最大程度上完满的某物必然存在。

如果这个论证成立，那么我们假定的完全为空的可选实在

W 会最终成为不可能的。一个完满的存在者必定存在,不管它是什么。

这个论证有其效力。首先,前提 1 看起来不大会出错。至少,我们确实有概念,不是吗?好,接下来我们将会看看是不是这样。同时,前提 2 的主张看起来甚至更不会出错。事物为了成为最大程度上完满的,它就必须存在,难道不是吗?毕竟,难道事物仅仅是为了成为很好的或是普通的,或是为了成为不好的或更不完满的,才必须存在的吗?

实际上,这个观点已经引起质疑。例如,每年都分发礼物的圣诞老人是好人,这难道不是一个事实吗?而圣诞老人并不存在。因此,成为好的并不要求其存在。

尽管如此,经过进一步考虑,我们发现,论证中的推理似乎是错的。圣诞老人的好并不是因为其存在,他就是好的而已。并且,也并不是由于某些不道德或隐藏的事实使得圣诞老人是坏的。仅仅是因为在任何情形下都不存在圣诞老人,不管是好的、坏的还是其他情况。倒不如说,事实是,根据圣诞老人的民间传说,圣诞老人是好的。这个事实并不意味着圣诞老人实际上是好的,更不意味着圣诞老人存在。

无论如何,即使一些虚幻的人物可以在不存在的情况下依然是好的,前提 2 也可以得到合理的辩护。前提 2 认为,一个事物要在最大程度上完满，它就必须存在。或许像圣诞老人那样的不真实的事物可以是好的，或许它们甚至在某些方面是完满的。任何极度的完满性都存在于存在的事物中，这就是第二个前提所说的全部。这很合理，因为不真实的事物，不管它自身是多么辉煌，与任何实际存在的伟大事物相比，都更加缥缈，更加不值得考虑。

前提3也是合理的。我们很容易相信，在某种程度上，必然的存在比偶然的存在更好。必然的存在肯定更加令人惊叹。也许这是因为必然的存在拥有偶然的存在所没有的那种完满性。

但是，让我们再次考虑最初的假设前提1，它认为，存在一个关于最大程度上完满的某物的概念。不过，这个初始的假设似乎很可信。我们只需翻阅我们的概念清单，并且可以充分肯定，我们有一个最大程度上完满的存在者的概念，这难道不就确定了某个最大程度上完满的存在者的概念存在吗？

既是又不是。前提1的含义取决于我们如何理解含义模糊的用词"的"（of）。下面是一个类似的含义同样很模糊的例子。假设我说："我的墙上有一张动物的油画。"这个句子的意思很模糊——因为我所说的内容或许会以两种完全不同的方式为真。首先，它可能是说，墙上的油画是一个动物"的"油画,因为它是一个特定动物的画像,比如,画家看到的某一只麋鹿的画像。以这种方式使用"的",我所说的内容就让两个存在之物,即我墙上的油画和那只麋鹿之间有了关联。这种主张认为,我们用油画描绘了那只麋鹿。

但同样,它也可能是说,通过我墙上有一张描绘一个神秘动物,如鹰头马身的有翅膀怪兽的油画,我有一张动物"的"油画。现在,它依然可以被称为一幅动物"的"油画,这没有任何问题,但却是在一种新的意义上这样说的。这个怪兽并不存在,并没有实际的动物被描绘。新的意义是,为了使油画描绘了真实的某物,它可能需要某种动物存在。实际上,这张油画指明了,为了让油画是根据生活而画出的,世界的一部分必定会是什么样的。要让油画是对某种事物的准确描绘,那么就要求鹰头马身的有翅膀怪兽是存在的。如果一幅油画以这种方式要求动物存在——为了根据生活来描绘它——那么这就是我们称为动物"的"油画的另外一种含义。

概念也同样如此。以第一种方式来理解"的",你就没有作为最大程度上完满的某物"的"概念,除非你通过设想某个存在之物是最大程度上完满的来与之相关联。这两个东西都必须存在,而且你必须在概念上与之相关联。相比之下,以第二种方式来理解"的",如果你有一个应用于某物的概念,只要这个某物是最大程度上完满的，你就有作为最大程度上完满的某物"的"概念。这个概念指明了一个标准，它要求最大程度的完满性。除非那种程度的完满性存在，否则这个概念就得不到应用。但是，在没有实际应用的情况下，这个概念为了得到应用，可以存在并规定最大程度上的完满性。此时，我们依然说它是最大程度上完满的某物"的"概念。我们这样说是要表明，这个概念是为了应用要求最大程度上的完满性的，如同某物可以是一个怪兽"的"油画，是因为这张油画要求一个实际的怪兽以便做出准确的描绘。

有了这个区分，我们就可以解释前提1。前提1说，存在一个最大程度上完满的某物"的"概念。这是真的吗？好，如果我们以第二种方式来理解"的"，那么存在那样的一个概念。我们确实有最大程度上的完满性的观念。至少，不管我们多么不确定那些导致最高程度上的完满性的细节，我们都在理论上拥有这个概念。我们拥有那种最完满的观念，不管它将什么当作最完满的。因此，我们必须承认这个概念存在。以这种方式来解释前提1，前提1为真。

但是，现在论证出现了问题。如果将这种对前提1的解释与前提2相结合，我们得不出第一阶段的结论。前提2说，任何最大程度上完满的事物都必定存在。因此，为了让前提2有助于表明第一阶段的结论，即一个最大程度上完满的存在者存在，那么前提 2 必须与一个某物是最大程度上完满的存在者的主张相结合。然而，前提 1 现在并没有说任何事物是最大程度上完满的。前提 1 仅仅是说一个概念存在，它是为了得到应用而要求有最大程度的完满性。前提 1 并未表明这个要求被满足了。因此，如果我们以这种方式来理解前提 1 中的"的"，那么第一阶段的论证就会出错。

而以另一种方式来理解前提 1 中的"的"对论证有极大的推进作用。第一阶段的结论现在就会得出。现在，前提 1 说出了所有下述内容：存在一个概念，也存在一个某物，它们两个以那样的方式相互关联，以至前者是后者的概念，而后者是最大程度上完满的。因此，既然前提 2 说，无论什么最大程度上完满的事物都必定存在，那么就可以得出某个最大程度上完满的事物确实存在的结论，就像上面的论证得出的结论一样。

如果是以这种方式来理解前提 1，即用"的"将一个概念与一个存在的事物相关联，那么我们为何相信它？只有如下内容是清楚的：如果这个可以应用于最大程度上完满的某物的概念得到完全应用，那么该概念存在。不过，当我们说前提 1 仅仅说了这么多时，我们就退回到了另一种解释及其问题。因此，论证需要前提 1 说出超出以上内容的东西。它需要前提 1

主张存在"最大程度上的完满"概念确实应用于其上的某物。因此，我们需要对这个问题，即为何相信它会得以应用，有一个好的解答。如果我们已经知道一个最为完满的事物存在，那我们就能用这个知识来判定关于这个概念应用的主张的合理性。但我们并不知道它是否存在，它是由我们试图发现的东西来证明的。而不知道其存在与否，我们就缺乏相信概念有其应用这个主张的根据。因此，前提1还需要正当的理由。而一个包含了未经证明的假设的论证不能证明任何东西。

因此，我们对第一个假设中的"的"的两种方式中的任何一种的解读都表明，必然存在者的本体论论证的这个版本似乎在第一步就失败了。

在我们要求对问题Q进行必然论的回答时，我们寻求某个必然存在的事物。在我们刚刚思考过的本体论论证的版本中，推出必然存在发生在第二阶段。我们已经看到，推理在这之前就已经出现了问题。因此，我们甚至没有推论到关于必然存在的任何事物。我们应该简单看一下一个在论证一开始就包含了必然存在的论证版本。

新版本的论证开始于一个假设，即假设最大程度上的完满的存在者，其"本质"必然包含存在。某物的本质（essential nature）是某物为了存在而必须具有的特征的结合，并且这些特征使它在根本上是其所是。因此，不管我们在事物的本质中发现了什么特征，它都必定是该事物的特征，不管它处于何种情形——包括其实际情形。此外，这个假设声称，必然存在是最大程度上完满的存在者的本质特征之一。

在新版本的论证中，另一个假设阐明了事物的本质特征与具有这个特征的事物之间的不可避免的关联。这个假设是说，如果必然存在是包含于某物的本质中的，那么该事物就必然存在。这两个前提得出了最大程度上完满的存在者必然存在的结论。

本体论论证二

前提 1：最大程度上完满的存在者的本质中包含必然地存在。

前提 2：如果必然存在被包含在某存在者具有的本质中，那么这个存在者就必然地存在。

结论：最大程度上完满的存在者必然地存在。

这个版本的一个令人满意之处是第二个假设，即前提 2，严格说来，它是无可争议的。如果存在者的本质中具有必然存在性，那么那个存在者就必然存在——这毫无疑问。

对这个新的前提1的赞同源自我们熟悉的对完满性的思考。这个支撑性的观念就是，当我们反思最高度的完满性有什么时，我们发现，它所包含的一个特征是具有最令人惊叹的那种存在，即必然存在。这个反思似乎是对前提1的最好辩护。

对于本体论论证第二个版本遇到的麻烦，我们也很熟悉。当前的前提1包括了"最大程度上完满的存在者的本质"这个短语。在此又出现了"的"（of）。一种解读认为，这个短语具有一个这样的前提，即它认为，最大程度上完满的存在者与其他事物一起存在，并且它有一个本质。如果这是第一个假设所说的，那么它将破坏这个论证。这个论证本来想要证明一个最大程度上完满的存在者存在。但是，一个论证不能仅仅通过以其前提进行断言来假设事物为真的方式来证明任何事物。

另一方面，前提1或许仅仅主张：为了对概念进行应用要求某物存在。前提1可以被解释为是在说，就算是真的存在，也只存在一个应用于最完满的存在者的概念，而且为了应用这个概念，存在者必须具有包含必然存在性的本质。所有这些都合情合理。它并未假设最高程度完满的存在者存在。因此，让我们用这种方式来解读前提2。

熟悉的问题产生了。现在，得出结论所需的逻辑关联消失了。第二个前提即前提 2 主张某物具有本质。因此，为了让前提 1 和前提 2 做出的主张相关联，前提 1 必须是关于一个具有某种本质的存在者的主张。然而，我们现在对前提 1 进行解读后发现，它并未说出任何具有什么本质的事物，它仅仅指明了应用一个概念的要求。因此，这两个前提结合在一起并不能得出结论。

因此，就我们解读前提 1 的两种方式来看，以任何一种方式进行的推理都不能证明一个必然的存在者存在。让我们再尝试一下其他的论证。

非神圣必然论

对为何有物存在这个问题的必然论回答，不需要任何崇高和绝妙的最大程度上完满的事物。任何种类的必然存在者，不管它多么不令人兴奋，都会符合要求。完全为空的实在 W 终将被证明是不可能的。存在无数的符合必然存在的卑微事物。

我们用 W^* 这个符号表示绝对可能的实在，它尽可能为空。如果它可能空无一物，那么 W^* 与 W 就是完全同一的。但如果 W^* 还需要更多的事物来让它成为真正可能的，那么 W^*

就包含了多出的使它得以可能的那点儿最少的事物。并且，下面是一个认为 W^* 肯定包含某物的新的必然论理由，由此 W 是不可能的。

事物会如何存在于 W^* 中？"事物"或许是个错误的用词，因为在 W^* 中存在的事物极可能接近于无。但在 W^* 中依然存在实际的情形。例如，一个关于 W^* 的事实是，它是尽其可能为空的。我们应该重新表述我们的问题。W^* 中有什么是真的？例如，W^* 中将不会有麋鹿，因为麋鹿不是一个必然存在者。这样，我们似乎可以得出结论说，W^* 中不存在麋鹿是真的。

不过，难道就没有什么真的东西吗？例如，存在麋鹿是一个事实真理。在说这个的时候，我们似乎正在指向那个特定真理实体。哲学家的标准术语将这种东西称为命题。如果我们宣称存在麋鹿，命题就是我们陈述的内容；如果我们相信存在麋鹿，同样的命题就是我们相信的内容。任何真理都是一个命题。而既然"存在麋鹿"这个命题是一个真理，这个命题就是存在的。概括而言，为了在任何情形中存在，一个实体必须存在。在一些其他可能的实在中，如在 W^* 中，这个命题是以另一种方式存在。而它在 W 中是假的，因为那里不存在麋鹿。既然这个命题在那里处于为假的情形中，那么命题就存在在那里。任何命题都是关于任何可能情形的真或假的。因此，如果我们采用了关于命题的这条路径，我们就可以得出结论说，任何命题都是一个必然存在者。

因此，具有最小可能性的实在 W^* 不是绝对为空的 W，因为 W^* 中有命题存在。对于为何实在不是绝对为空的这个问题，一般的必然论回答是，有某些事物必定存在。目前这个版本的必然论特别指出，必定存在关于每个可能实在的真理，也必定存在其谬误。

然而，推断"不存在麋鹿"这个命题存在于 W^* 中，这真的合理吗？如果 W^* 就是真实的世界，那么本来可能不存在麋鹿。这确实是真的，而且它是关于 W^* 的。由此，或许我们可以得出结论说，这个命题实际上是存在的。但是，为何"不存在麋鹿"这个命题，或其他什么命题也必定在 W^* 中存在呢？在 W^* 中或许没有麋鹿，但确切说来，这怎能表明在 W^* 中会有一个麋鹿不存在的主张这样的内容的实体呢？我们说过，W^* 中是有实际情形存在的。或许这仅仅是一个粗略的和不够准确的说法。或许，严格的真理是这样的。我们正在实际世界中推理 W^*，这里确实存在一些关于事物在 W^* 中会怎样存在的事实。但是，如果 W^* 就是实际的世界，那就本来不会存在任何实际情形。本来不存在任何事物，甚至连无物存在这个真理也不存在。那么究竟我们为何不认为 W^* 就是绝对为空的 W 呢？

最小偶然性

不管是否存在任何必然的存在者，Q 的一个重要的版本 QC 都依然需要我们考虑：

QC：为何会有不必然存在的事物？

如果有必然存在的事物，那么我们的拥有最少可能性的实在 W^* 就包含了必然存在者。但是，W^* 不包含任何依情况而定的事物。换句话说，W^* 不包含任何非必然存在的事物。而很明显，实际情形中充满那些不必然存在的事物，如麋鹿、卫星、介子、沼泽以及更多的东西。QC 不是问为何特定的真实事物存在。（这个问题很好，但它是一个不同的问题。）QC 问的是为何有不必然的事物存在，为何存在依情况而定的偶然事物，为何存在超出绝对最少事物（absolute minimum）的事物。

人择解释

人择解释在此似乎会对回答这个问题有所帮助。人择解释（anthropic explanation）通过指出某些现象是如何为我们而存在并使我们能够研究它们，来寻求对这些现象的解释。在当前的情况中，这个观念差不多是这样的。为了让我们存在于那个实在中并提出 QC 这个问题，任何可能的实在都必须包含大量依情况而定的偶然事物。至少，它必须包含我们。我们不是必然存在者。那么无怪乎实际世界中有依情况而定的偶然事物，因此它并不是拥有最少可能性的 W^*。

这种人择解释是否满意地回答了 QC 是值得怀疑的。这种解释给出了一个好的回答，但是，这是对一个不同问题的回答。假设我们在问：

QWC：为何我们存在于其中的世界包含了依情况而定的偶然事物？

QWC 理所当然地认为我们存在于这个世界中，并且追问为何偶然事物与我们共同存在。如果那是我们想知道的，那么似乎对这个问题的直接回答就是指出我们自己就是偶然的事物。这个观察所得似乎能够解释为何一个关于我们所在的实在中存在偶然事物这个难题。

与 QWC 不同，QC 不是问实际世界中有什么与我们相伴。如果不存在偶然事物，那么我们不会存在并提出 QC，这是真的。但是，QC 像质问任何其他的偶然事物那样质问我们的存在。当我们问 QC 时，我们问的是究竟为何偶然事物实际上存在。而仅仅将它看作我们要求它存在的事物，这并没有回答这个问题。

神圣解释

在回答 QC 时，援引上帝似乎会对此有所帮助。如果上帝是一个必然存在者，那么上帝就在我们最少可能的实在 W 中。我们可以假定上帝拥有创造出偶然事物的权能。似乎，上帝创造出偶然事物的理由也能解释为何它们存在。

但是，我们也已经看到，一个必然的上帝会导致可能性消失的问题。在此，问题自身逐渐变成上帝会创造出什么偶然事物的难题。首先，也许在任何可能的情形下，上帝都会有完全同样的创造理由，而且上帝会以同样的方式使用那些理由来决定创造什么。如果是这样，那么似乎上帝总是会创造完全相同的实在。现在我们假定上帝是一个必然存在者。如果是这样，上帝唯一可能创造出的实在只可能是一种创造。它甚至不会是偶然的，因为它会在一个那些恰好可能的环境的结合体中与上帝同在。

这就是问题所在，因为可以肯定，存在许多不同的偶然的可能性。例如，实际上有许多各种各样的蜂鸟在不同的地方存在。如果它们的栖息地不同，它们的分布会或多或少有所不同。这就出现了各种可能的现象。存在不计其数的类似现象。我们很难相信如下观点，即那些看似多样的可能性的存在完全是骗人的。

我们再试试其他的方式。我们还是假定必然的上帝存在。但现在我们假定上帝在不同的可能实在中有不同的创造世界的理由。如果是这样，这些不同的理由允许不同的偶然性存在。或许会存在不同的可能的创世结果，没有任何结果是必然的。

但是，这样一来，上帝最初创世的理由的不同会最终成为偶然性存在的根源。所有的不同可能都是来自上帝的理由的不同。假定所有这些成立，QC 可能问的会是这个问题：为何上帝创世的理由会有所不同？要回答 QC，我们需要解释，为何上帝拥有一批批特定的理由。我们很难想到某种让上帝创世的理由相异的方式。上帝不会忽略任何事物，因为我们假定上帝是全知的。看起来仿佛上帝必定会拥有全部的理由。既然理由的任何变动都看似不可能，那么我们就没有什么本来可以导致这些理由不同的任何迹象。

第三种选择更具优势。或许上帝创世的理由与可能的被造物之间处于关联中。也就是说，或许会存在同样好的满足上帝所有目的的其他可选的偶然实在。不同的可能性来自上帝在这些可选项之间做出自由选择的能力。在每一个不同的可选实在中，上帝对于产生哪些创造物做出不同的自由选择。

这个新的解答的主要问题是，它只能解释小范围的可能性。我们记得，这个解释的一部分是上帝是一个必然存在者。因此，没有上帝就不存在可能的实在。我们现在理解的上帝的可能创造物严重地限制了可能性的范围。在所有的可能的实在中，上帝的创世理由都被满足了。然而，还有许多其他的事物似乎也是可能的。例如，以下所有的事物似乎都是可能的：按照任何标准来看都不会有价值的完全无聊的无意识的实在，那些恶大于善的不幸实在，以及那些大部分生命都值得生存但没有任何绝妙的东西的实在。说这些选择将会完美无缺地满足一个完满的上帝创造世界的理由，这是不可信的。因此，一个必然的上帝的自由选择将会拒绝所有这些明显的可能性。这样的选择只能解释那些可以完美地满足完满目的的偶然事物。

既然我们明显看到有比这些事实更多的可能性，我们就必须继续寻找对它们的解释。另一方面，如果上帝不是必然的，那么，上帝充其量是当前的问题而不是其解答。不管上帝确实存在于何处，上帝都是我们通过问 QC 寻求解释的偶然事物之一。而不管上帝不存在于何处，上帝都不在那里做出或许能解释偶然事物的任何选择。

倾向性解释

如果上帝不能帮助我们回答 QC，那么关于善呢？让我们思考一下能存在的善的事物有内在的存在倾向这个观点。更完满的可能的事物比不完满的可能的事物拥有更大的存在倾向。总体上说，处于一个可能实在中的事物越善，它的可能性变成现实性的倾向就越强。[1]

很多事物都被令人信服地看作善的，包括善意的行动、愉快的经历、精美的艺术品和充实的人际关系。当我们观察善的候选者时，很明显的是，所有合理的候选者都涉及像人和经验

---

[1] 17 世纪的著名哲学家莱布尼茨（Leibniz）提出了某种与此类似的观点。

这样的偶然事物的存在。相比之下，很明显，我们的最大程度上为空的可能的实在 W^* 在价值上完全中立。W^* 太空了，以至没有什么善可言。于是，以我们正在考虑的关于善的观点来看，W^* 仅仅是纯粹可能的。它没有那些比它更善的可能性所拥有的存在倾向。因此，对于为何有超出 W^* 的内容的东西存在，新的解释就是，偶然的善的事物的实际存在表明了可能的善的事物存在的内在倾向。

善的事物往往会存在，这个观点让人很欣慰。然而，它有三个问题。一个不太根本的问题是，这个观点看起来很乐观，但毫无道理。为什么善的事物而不是恶的或中立的事物会有这个倾向？当然，任何正派的人都发现，善的事物比另外两种事物更具有吸引力，因此正派的人会致力于产生和保持善的事物。但这不能解释究竟为何存在偶然事物。这个声明指出，每个可能的善的事物都依其自身而有存在倾向，不借助于已经存在的赏识它的人的帮助。所谓的善的可能性依其自身具有存在倾向是需要给出辩护的。

这个问题还不是根本的，因为对于缺乏向善倾向的偶然事物，也存在同样令人满意的解释。相反，我们可以宣称，所有的偶然事物，善的、恶的或中立的，都有存在的倾向。这是同类型解释的核心部分。W^* 世界将又会是仅仅可能的。实际世界会展示偶然事物显示出来的无数存在倾向。

这个观点的第二个问题，也是更基本的问题是相关倾向的模糊性问题。我们对倾向的理解似乎是这样的，即需要它被存在的事物拥有并且由存在的事物来解释。例如，易碎物品有容易被摔碎的倾向。摔碎状态并非已经存在，而且或许永远不存在。一些易碎品从未被摔碎。但是所有拥有这个倾向的事物都确实存在，而且这个倾向被那些事物实际拥有的结构和环境所解释。一个拥有倾向的东西或许非常空洞。当前物理学断言了粒子在空的空间中形成的倾向。但若是如此，这就是某些实际存在的东西，即空间的倾向，而且它也被某些实际的东西，即物理规律所解释。我们完全不熟悉某物具有的一个仅仅可能而不存在的倾向。

这种倾向的模糊性是一个范围更广的问题的一部分。有存在倾向就是有某种确定的特征。然而，这个解释将这个特征归给了仅仅是也许本来存在的事物。而让纯粹可能的事物具有任何特征都是很难说得通的。如果那些具体要求实现了，我们就能够理解各种具体要求可能会怎样具体规定具有某种特征的事物。我们很难理解下述观点，即某个所谓的实体，尽管它不是真实的事物，但它却能具有倾向于存在的特征。是什么具有这个特征？一个不真实的事物？"一个不真实的事物"这个短语不正像"一个假的鸭子"这个短语吗？就像假的鸭子根本不是鸭子一样，不真实的事物也根本不是事物。不存在这样的事物！而如果不存在这样的事物，那么就不存在这样的事物来拥有任何倾向。

即使我们可以理解一些可能的偶然事物有存在倾向这个观点，该观点仍然还有另一个不同的根本问题。我们有何种理由认为，那种关于倾向的主张是真的？比较一下偶然事物倾向于存在这个主张和与之相对的主张。我们也许可以说，它很难进入存在。我们也许会说，所有的偶然事物都倾向于不存在，而 W^* 的"简单的空性"（easy emptiness）有强烈的实现的倾向。这个观点或许会得出结论说，事实世界由于侥幸而包含了偶然事物，偶然性的存在会与可能性中的倾向的方向完全相反。

这个相反的假定似乎与另一个同样可信。对任何倾向性类型的解释来说，真正成问题的是，我们没有理由相信任何那样的倾向。

统计学解释

关于为何某些不必定存在的真实事物存在，这里有一个最后的观点。如同我们反复说到的那样，形形色色的偶然事物是可能的，这很合理。有的看似可能的实在包含生命，有的不包含；有的被自然规律支配，有的不被它支配；有的包含善的事物，有的不包含；有的包含仅仅是我们想到的那类事物，有的不包含。存在无限多的可能性，这很合理。

我们拥有最小可能性的 W^* 当然也是一种可能性。我们有令人信服的理由认为 W^* 是完全独一无二的。最终，实在确实看起来本来可能是缺乏所有偶然事物的。如果是这样，W^* 就仅仅包含那些必定存在的事物，如果存在那样的事物。进一步说，必定存在的事物是不变的。不存在多种多样的可选实在，即每一个都仅仅包含了一些必然事物，而不包含所有必然事物的实在。如果一个事物真是必然的，那它就被包含在每一个最终的可能实在中。因此，W^* 中必须拥有所有必然存在者（如果存在必然存在者），而且也只能是必然存在者。而且，必定没有任何变化。因此，任何 W^* 中的必然存在物都不变化，它们仅仅在那里。

如果所有这些关于 W^* 的认识都是正确的，那么就必定仅仅存在一个最小的可选实在，不可能存在两个包含了不变的必然存在者的可能实在，也不存在任何其他可能实在。在"它们"中完全不会有任何不同，因此只会有一个可能，而不是两个。W*是一个独一无二的最小可能实在。

因此，似乎很清楚，有包含了各种偶然事物的无限多的可能实在，而只有一个可能实在不包含任何偶然事物。每一个可选的实在都是完全可能的，它们每一个都本来可能是实际世界。但现在，我们将可能性分为两种：至少包含一个偶然事物的可能性，以及那些不包括任何偶然事物的可能性。这导致了一方面产生了无限多的可能性，另一方面只有一个可能性。从这个角度，我们可以看到，某些偶然事物几乎是必然存在的。某些偶然事物的出现几乎是难以避免的。如果那个没有任何偶然事物的可选实在是实际世界，那么这个偶然就会是最大的侥幸。

回忆一下 QM：

QM： 为何对实在来说还存在多出空的 W 的事物？

当前统计学类型的回应在回答 QM 的同时也回答了 QC。如果不存在必然的存在者，那么 W* 就是空的 W。因此，W 就是一个也是唯一一个没有偶然事物的可选实在。而且，那些偶然事物几乎是不可避免的。

同样的关于"无限"与"一"的事实，在回答 Q 时似乎支持了另一个极具启发性的结论。统计学的事实不是这样来判定我们的推理的："没有可选实在的无，即 W，仅仅是无限多的可能实在中的一员，而其余的实在中都有超出无的东西。它们都是可能的。因此，现在我明白了为什么不存在无。"在这个推理中，"明白了为什么"这个部分出错了。我们依然不明白为什么可能事实 W 没有成为实际的。

下面的这个类比很接近上述问题。假定我在一大堆随机的彩票中买了一张，或许这堆彩票的数量无限大，而后来我发现我的那张彩票没中奖。我知道还有很多其他的彩票，而我的彩票只有一张，我知道它是随机抽出来的一张，是我选出来的唯一一张。我知道抽奖是随机的，只有一张彩票被抽中。我明白我中奖的概率很小，或许是无限小。然而，我依然不明白为什么我的没有被抽中。对此，我看到的只有这个。我的彩票碰巧成为了那些碰巧不中奖的彩票中的一张。它并非必定要输，而只是碰巧输了。

在那种抽奖中，我们不能明白为何一张彩票会不中。对此可能没有任何解释。所有的彩票都是有机会的。被抽中的那一张没有任何特殊之处，而其他的彩票也并不是没有被抽中的资格。它被抽中是偶然发生的，相反，不存在发生的理由。

或许同样的解释也适用于为何 W 不是实际世界。可能的可选实在包括所有的可能性，因此，其中之一必定是实际世界。而其中之一成为实际世界并不是被随机抽中的——没有任何事物事先存在并从这些可能世界中做出选择。但是，如同随机抽中的那张彩票一样，所有可能世界都有机会，而不存在那个"胜出者"被选中的原因。同样，空的可能事实 W 是有很大的不可能性，它碰巧没有出现。尽管我们很想知道它没有出现的原因，但我们无法知道。那类解释是不可能的。

这些观察及评论没有完全解释为何偶然事物存在。因此 W* 依然是一种可能性。我们没有看到一个最终的理由来解释为何最小的可能性没有被实现。也许我们能看到的就是，为什么多出 W 的事物的存在实际上是必然的。

结　　论

我们已经看到了两个主要的问题的可选回答：

QM：为何对实在来说还存在多出空的 W 的事物？

QC：为何会有不必然存在的事物？

没有一个回答能令人完全满意。统计学的回答没有准确告诉我们为何极小的可能事实 W^* 没有成为现实的。尽管如此，这或许已经是我们能得到的最好的回答了。我们认为，无数的可选实在都本来可能成为现实的，而其中之一就是 W^*。如果是这样，那么就没有一个无懈可击的原因来解释为何它们中的某一个没有成为现实实在，它们都是有机会的。

拓展阅读

有三篇值得进一步阅读的文章：尼古拉斯·雷彻（Nicholas Rescher）的《解释存在》（"On Explaining Existence"）、德里克·帕菲特（Derek Parfit）的《为什么实在是这样的？》（"Why is Reality as it is？"）以及罗伯特·诺齐克（Robert Nozick）的《为什么有物存在而非无？》（"Why is there Something rather than Nothing？"）。（德里克·帕菲特在论文中提到的问题是"为什么一切事物都是如此这般存在"，这与我们的"为什么有物存在"的问题不同，尽管它包括了我们的问题。）这些论文都收录在以下选集的第一部分"存在"中。

史蒂文·D. 黑尔斯（Steven D. Hales），《形而上学：当代读物》（*Metaphysics: Contemporary Readings*，Wadsworth，1999）。

第六章

自由意志与决定论

问　题

假定你被绑架了并被迫犯下了一系列可怕的谋杀罪。绑架者强迫你扣动扳机，让你向第一个受害者开枪；对你催眠，让你毒害第二个受害者；并把你从飞机上扔下来，让你掉下来把第三个受害者压死。奇迹般地，你从飞机上掉下来之后没有死，你跟跟跄跄地从现场离开，痛苦的折磨终于结束了。但令你惊讶的是，你被警察逮捕了，警察把你铐起来，指控你谋杀。在你颜面扫地地离开时，受害者的父母尖叫着高声咒骂你。

警察和受害者父母对你的指责公平吗？很明显不公平，因为你有一个不容置疑的理由，你不是按照自己的自由意志（free will）行事的。你无法控制你所做的事情，你不可能不这样做。而只有那些自由行动的人才是要负道德责任的。

我们都相信自己有自由意志。怎么会没有呢？否认自由就意味着不再计划未来，因为如果你没有改变将要发生的事情的自由，那为何还要做出计划呢？否认自由会意味着放弃道德，因为只有那些行动自由的人才应该受到责备或惩罚。没有自由，我们就沿着预定的道路前进，不能控制我们的命运。这样的生活是不值得过的。

然而，自由似乎与某种明显的事实相冲突。令人难以置信的是，这一事实并不是秘密；大多数人都完全意识到了这一点。我们不加批判地接受自由意志，只是因为我们未能根据事实进行判断。自由意志问题是一个隐藏在我们信念最深处的定时炸弹。

这个明显的事实是：每件事情都有其原因。这一事实被称为决定论（determinism）。

我们都相信原因的存在。如果科学家发现在大气平流层有碎片拼出"Ozzy Osbourne！"[1]的字样，他们会立即开始探查其原因。碎片是由美国国家航空航天局一个叛变的部门中的重金属音乐的粉丝们摆在那儿的吗？它是来自一个学校青少年天才的科学项目吗？如果这些都不是其原因，科学家会开始考虑

---

[1] 奥兹·奥斯本（Ozzy Osbourne），英国摇滚歌手，黑色安息日（Black Sabbath）乐队主唱，该乐队被认为是金属乐创造者。——译者注

更奇怪的假设。也许来自另一个星球的外星人正在跟我们开玩笑。也许是由于彗星之间的碰撞留下了碎片，而这些碎片与这位重金属乐歌手的名字相似纯粹是巧合。也许不同的碎片有不同的原因。这些假设中的任何一个都是可以接受的。但科学家不愿考虑的一件事是，根本没有任何原因。原因可能很难被发现，或者仅仅是巧合，或者原因中有许多不同的部分，但它们总是存在的。

并不是说没有原因的事件是完全不可想象的。我们可以想象一个没有原因的事件会是如何发生的。在这件事上，我们可以想象各种奇怪的事情的发生会是什么情形：猪在飞，猴子用果冻造出 10,000 英尺（3048 米）高的雕塑，等等。但我们有理由相信，事实上并没有这样的事情发生。同样，我们也有理由相信，事实上并没有无原因的事件，也就是说，相信决定论是合理的。

我们对决定论的信念是合理的，因为我们都看到，科学在寻找事物的根本原因时一次又一次地取得了成功。科技创新的存在，如摩天大楼、疫苗接种、火箭、宇宙飞船和互联网等都得益于科学。科学似乎解释了我们观察到的一切：季节的变化，行星的运动，动植物的内部运作等。鉴于这一记录，我们能合理地预期科学的进步会继续下去；我们预计科学终究会发现一切事件的原因。

当我们意识到科学的进程最终将超越我们时，对自由的威胁就产生了。从科学的角度来看，人类的选择和行为只是自然界的另一个部分。就像季节、行星、植物和动物一样，我们的行动是可研究、可预测、可解释和可控的。如果可能，我们也很难说科学家将会在什么时候充分理解导致人类行为的原因，以预测我们所做的每一件事。但是，不管在什么时候发现人类行为的原因，决定论都使我们确信这些原因是存在的。

一个人自己的选择是受制于那些原因的，这很难让人接受。假设你变得昏昏欲睡并想把这本书放下。照此观点，是那些原因导致你去睡觉。但是你抵制它们！不管怎样，你下定决心继续看书。这样你就抵制了那些原因，驳斥了决定论吗？当然没有。你继续阅读下去有其自身的原因。也许你对形而上学的喜爱克服了你的睡意，也许你的父母教给你要有自制力，也许你只是固执。但不管是什么理由，总有一些原因存在。

你可以回答："但我没有感觉到被迫去看或不看，我只是决定这样做或不是那样做。我没有感觉到有什么原因。"的确，我们都没有感觉到许多想法、感觉和决定是被引起的。但这并没有真正威胁到决定论。有时，我们没有意识到我们的决定的原因，但这些原因仍然存在。正如当代心理学教给我们的，行为的某些原因是大脑前意识的功能，甚至就像弗洛伊德（Freud）所认为的那样，可能是潜意识的欲望。做出决定的其他原因甚至可能不是精神上的。大脑是一个极其复杂的物理对象，由于其极小部分的某些运动，大脑可能会"突然转向"这个或那个方向。不管一个人沉思的时间多么漫长、多么艰难、多么平静，我们都不能仅仅通过引导一个人内在的注意力而发现这种纯粹的物理原因。我们不能指望仅仅通过内省就能发现我们决定的所有原因。

因此，决定论是正确的，即使对人类的行动来说也是如此。但现在，考虑一下任何一个所谓的自由行动。为了说明这里有多大的利害关系，让我们来考虑一项在道德上应受谴责的可怕行动：1939年，希特勒入侵波兰。我们非常肯定地指责希特勒的这一行动。因此，我们认为他的行动是自由的。但决定论似乎暗示希特勒根本不是自由的。

要明白为什么是这样，我们就必须先研究原因（cause）和结果（effect）的概念。一个原因是一个较早的事件，它致使一个较晚的结果发生。根据自然规律[1]，一旦原因发生，结果就必定发生。闪电引发雷声：支配着电和声音的自然规律保证了

---

[1] 第九章将讨论自然规律。

当雷电袭来时，雷声也随之而来。

决定论认为，希特勒对波兰的入侵是由早些时候的事件引起的。到目前为止，还没有什么能威胁到希特勒的自由。入侵的原因可能是在希特勒控制下的某种东西，在这种情况下，入侵也将在他的控制下。例如，入侵的原因可能是希特勒在入侵前做出的一个决定。如果是这样，那么我们似乎仍然可以指责希特勒下令入侵。

但现在考虑一下这个决定本身，它只是另一个事件，所以决定论意味着这个事件也必须有一个原因。这个新的原因可能是希特勒更早之前做出的一个决定，或者是他的顾问告诉他的一些事情，或者是他吃的东西，或者更有可能是多种因素的结合。不管是什么，我们都把希特勒入侵波兰决定的原因称为"c"。注意，c还引起了对波兰的入侵。因为正如我们在上面看到的，原因就是引起较晚事件发生的较早的事件。一旦c发生，希特勒的决定就必定发生；一旦那个决定发生，入侵就必定发生。

我们可以无限重复这种推理。决定论表明，c必须具有较早的原因c_1，c_1反过来也必须具有较早的原因c_2，等等。所得到的事件序列在时间中不断向后延伸：

$$\cdots c_2 \to c_1 \to c \to 决定 \to 入侵$$

序列中的每个事件都会导致入侵，因为每个事件都会导致紧接着发生的事件，然后导致紧接着发生的下一个事件，依此类推。最后几个事件看上去就像是希特勒控制下的事件。但较早的事件并不是这样，因为随着时间向后推移，我们最终推到在希特勒出生之前的事件。

这个推论可以重复论证人类的任何行动，无论多么重大还是琐碎的行动。假设一个老人在过马路时滑倒了，我不是扶他起来而是嘲笑他。用上面的推理链，我们可以证明，我的嘲笑是由我出生前发生的事件引起的。

现在的情况对自由非常不利。希特勒似乎对是否入侵波兰不再有自由选择。我似乎也别无选择，只能嘲笑那位老人。因为这些行动都是由我们无法控制的事情造成的。但是，希特勒和我的所作所为在道德上有什么错误呢？如果希特勒在他出生前就已经确定自己会这么做，我们怎么能责怪他入侵波兰呢？我们怎么能责怪我对老人的嘲笑呢？我们怎么能因为任何事情责怪任何人呢？

我们可以从物理学的角度重新论述对自由的挑战。任何行动或决定都涉及身体和大脑中亚原子粒子的运动。这些亚原子粒子的运动符合物理规律。物理学允许我们根据粒子以前的状态和作用在粒子上的力来计算粒子未来的位置。所以，原则上，我们可以在希特勒入侵波兰 100 年前研究亚原子粒子，精确计算 100 年后这些粒子将如何移动，从而计算出希特勒将入侵波兰。在实践中，这样的计算太难完成了，但这并不重要。无论是否有人能完成计算，在希特勒出生之前，粒子就在那里，而且它们在那里，并且按照原来的方式排列这个事实，致使希特勒入侵波兰不可避免。我们再次发现，希特勒入侵的原因在希特勒出生之前就已经存在。这种原因的存在似乎意味着希特勒对波兰的入侵不是一个自由的行动。

然而，它必须是自由的，否则，我们还怎么能谴责他这种卑鄙的行动呢？定时炸弹爆炸了，我们两个最根深蒂固的信念，即我们对科学的信念与我们对自由和道德的信念，似乎是相互矛盾的。我们必须解决这个冲突。

强决定论

解决冲突的最简单策略，就是拒绝会产生冲突的信念之一，你可以拒绝自由意志，也可以拒绝决定论。

在决定论面前拒绝自由意志就是强决定论（hard determinism）。我们把强决定论想象成一个不感情用事的知识分子，不容忍任何软弱的东西。自由意志与科学相冲突，所以自由意志必须靠边站。一个典型的强决定论者会这样说：

> 我们必须适应这样的观点，即没有人对任何事情负有真正的责任。对自由和道德责任的信念是前科学时代的奢侈品。既然我们已经成熟，就必须不再幼稚，面对现实。因为科学已经否定了自由和道德的存在。

我们能忍受这种令人沮丧的哲学吗？哲学家必须寻找真理，不管寻求到的真理多么令人难以接受。或许强决定论就是这样的真理之一。强决定论者可能会试图接受"损害控制"（damage control），认为没有自由的生活并不像人们想象的那么糟糕。例如，社会仍然可能惩罚罪犯。强决定论者必须否认罪犯应该受到惩罚，因为这些罪行不是他们自由地犯下的。但他们可以说，惩罚措施仍然是有用的：对罪犯的惩罚使他们远离街道，阻止未来的犯罪。尽管如此，接受强决定论几乎是不可想象的。即使一个人愿意停止相信自由意志，我们也不清楚人们是否可以停止相信它。如果你找到一个声称相信强决定论的人，可以做一个下面的小实验。你一拳打在他的脸上，特别用力。然后试着说服他不要责备你。毕竟，根据他的说法，你别无选择，只能揍他！我预计你会发现很难说服他去践行他的信条。

强决定论是我们没有其他办法时最后采取的立场。让我们来看看其他的立场是怎样的。

自由意志论

如果强决定论者是理智的不感情用事的科学信徒，那么自由意志论者（libertarian）[1]则拥有相反的思维。自由意志论者通过拒绝决定论来解决自由意志与决定论之间的冲突。他们的指导思想是，人是特别的。科学的进程——即使观察到的现象服从于无例外的规律——仅限于非人类领域。对于自由意志论者来说，科学在其所能达到的范围内是好的，但它永远不会成功地预测人类的行为。人类，只有人类，超越了自然法则：他们是自由的。

---

[1] 这与政治上的"自由至上主义者"（libertarian）一词的用法是不相关的。

是什么让人如此特别？一些自由意志论者回答说，我们有灵魂，它是意识的非物质来源，它使得做出的选择不受自然规律的控制。另一些人说，人类实际上是纯粹的物理系统，但他们不受那些支配其他物质系统的自然规律的约束。无论是哪种方式，自然规律都不能完全决定人的行为。

尽管自由意志论者很清楚自由不是什么——即决定论——但他们在告诉我们自由是什么时遇到了不少麻烦。他们不想说自由只是无原因的行动。这样说会使自由与随机相等同，而自由意志论者并不想这样做。下面是他们不想这样做的原因。

假设特蕾莎修女（Mother Teresa）在加尔各答的一个孤儿院中发现了一枚手榴弹。如你所料，她拿起手榴弹想把它安全地处理掉。但是现在，一个完全没有原因引起的事件发生了：让她恐惧的是，她的手突然拔出了拉环，把手榴弹扔到了孤儿院的中心。手榴弹的爆炸造成一片狼藉。当我说"完全没有原因引起"（uncaused）时，我的意思真的是没有原因，没有任何一个不管什么样的原因。在我想象这个例子时，拉下拉环和投掷手榴弹的行动不是由特蕾莎修女的任何决定引起的；它也没有外部的物理原因，没有特蕾莎修女最终显现出来的个性上潜伏的阴暗面。她当时没有神经性痉挛。她的手完全没有任何理由就抬了起来。这显然不是一个自由的行动，因而我们不能责备特蕾莎修女；她是一个残酷的意外事件的受害者。

对于自由意志论者来说，令人震惊的是，特蕾莎修女似乎是不自由的，而这正是因为她的行动不是被引起的。自由现在似乎需要因果关系。这显然威胁到自由意志论者的根本主张，即自由问题的关键是人类行动的非决定性。因此，自由意志论者必须设法区分非决定性的自由行动和随机性。

一些自由意志论者通过假设一种特殊的因果关系来解决这个问题，这种因果关系只有人类才能使用，称为行动者因果关系（agent causation）。普通的机械因果关系，即在物理学和其他自然科学中研究的那种因果关系都遵守规律。机械原因是可重复和可预测的：如果你一次次重复同样的原因，那么每次都可以保证会有相同的结果。另一方面，行动者因果关系不遵循规律。谁也不知道一个自由的人将以何种方式践行他的行动者因果关系。在完全相似的情况下，同一个人可能会因行动的原因做出不同的事情。根据行动者因果关系理论，当（1）你的行动不是由一般的、机械的方式引起的，而是（2）你的行动是由你——由行动者因果关系引起的时，你的行动才是自由的。如果你在某天早上自由地决定吃惠帝斯麦片（Wheaties），而不是像平时那样吃一份肉桂苹果脆片（Apple Jacks），那么不可能事先预测你会选择哪种麦片。然而，你的选择并不是随机发生的，因为是你自己造成的。它是由行动者因果关系导致的。

目前尚不清楚行动者因果关系是否真正解决了随机性问题。考虑一下行动者因果关系理论家会怎么说你自由地做出一个艰难的决定。做决策的过程中存在两个重要的因素：你有什么欲望，你所相信的什么东西是实现这一欲望的最好方式。例如，如果你还没有决定在美国总统大选中投票给民主党还是共和党，那是因为你的一些信念和欲望支持投票给民主党，而另一些信念和欲望则支持投票给共和党。假设最终你的支持投票给民主党的信念和欲望赢得了胜利。自由意志论者会说，过去发生的机械性原因并不决定这一结果。是你自己，通过行动者因果关系，选择了投票给民主党。你的选择不受任何规律的约束；它是不可预测的。这种行动者因果关系的行动不是由你的信念和欲望引起的。但是现在，问题出现了——因为选择不是由于你的信念和欲望，它看起来完全与你分离。这一选择并不是来自你对候选人的了解以及你想要什么样的国家领导人。你的投票不是由你是谁决定的。好像通过魔法，它就在这个世界上出现了。如果是这样，为此赞扬或责备你是很奇怪的。而这表明你的选择是不自由的。

不管自由意志论者是否依赖行动者因果关系，其最令人担忧的特征是，它与科学相冲突。首先，自由意志论者必须拒绝一种包罗万象的心理学的可能性。人类的行为或许会受到这样一门科学的规律的制约，而自由意志论者则否认人类行为是由任何规律所支配的。但冲突并没有就此结束。自由意志论者也必须摒弃包罗万象的物理学的可能性。心理学和物理学的领域不能完全分开，因为人体是由亚原子粒子组成的物理物体。一个包罗万象的物理学可以根据粒子早期的状态来预测所有粒子的未来运动——甚至那些在人体中的粒子。既然自由意志论者说人类的行为不能被科学地预测，他们必须否认这种物理学的可能性。根据自由意志论者的说法，如果物理学家把它们的测量仪器用在组成一个自由人的亚原子粒子上，以前观察到的模式就会崩溃。

这种对待科学的态度似乎很草率。在 21 世纪的今天，我们在对待科学与宗教和哲学之间的各种分歧上有了后见之明。别忘了天主教会对哥白尼和伽利略的地球绕着太阳转的观点进行审查的决定。没人想重蹈覆辙，再犯那样的错误。也别忘了科学在理论和技术上的巨大成功。当然，科学并不可靠。但是，哲学家在宣称现有的科学是完全错误的，或者说某种科学进步永远不会发生时，最好有充分的理由。哲学应该避免与科学产生冲突或对科学进行限制。

可供选择的东西似乎让人难以接受。一方是一种令人沮丧的强决定论哲学，它剥夺了生命中所有明显的人性的和有价值的东西；另一方是从根本上反科学的自由意志论哲学——鉴于随机性问题的存在，它甚至可能无法成功地拯救自由意志。

插曲：量子力学

在继续前进之前，我们应该先来研究一个无关紧要的问题：量子力学（quantum mechanics）是否与自由问题有关。量子力学是一种关于微小粒子行为的理论。这一理论是在20世纪早期发展起来的，至今仍为物理学家所接受。量子力学（或至少是它的某一版本）是一种极端不确定理论。它不能预测肯定会发生什么，它只给出发生的结果的概率（probability）。无论你有多少关于粒子的信息，你都不能确定它以后的位置。你所能说出的只是粒子在各个不同的位置被发现的可能性有多大。而这不仅仅是人类知识的局限性。粒子的未来位置根本不是由过去决定的，不管我们对它了解多少。只有概率是确定的。

在前面的部分，我忽略了量子力学。例如，虽然量子力学认为原因仅仅让结果可能发生，但我还是假定如果一个原因发生，其结果必然发生。为什么我忽略了量子力学？因为随机性不是自由。让我们尝试一个小思想实验。首先，我们假定量子力学是不正确的，物理学实际上就是决定论的。我们在本章已经看到了这里呈现出的对人类自由的威胁。接下来，我们在每个人的大脑中，每一次都随机加上一点运气，它使人的行动突然转向一种方式而不是另一种方式。这就像量子力学所说的真正发生的事情：发生什么事情存在随机性因素。对自由的威胁消失了吗？显然没有。如果最初的、完全被决定的人没有自由意志，那么新的、随机的人也没有自由意志；运气仅仅注入了随机性，而没有注入自由或责任。正如我们从特蕾莎修女的案例中了解到的，随机性并不意味着自由。如果它意味着什么，也是随机性破坏自由。

自由意志论者或许会承认量子随机性不足以满足自由，但仍然声称量子随机性为自由提供了空间，因为它为行动者因果关系提供了空间。想象一下现在是1939年，希特勒还没有决定入侵波兰。他试图在以下三个选项中决定该做什么：

入侵波兰

入侵法国

不再做那么邪恶的人而是成为一名芭蕾舞舞者

量子力学将概率分配给每一个可能的决定；它没有说希特勒会选择哪一个。假设为了论证的需要，它给出了如下概率：

95%　入侵波兰

4.9%　入侵法国

0.1%　成为一名芭蕾舞舞者

在指派完这些概率之后，量子力学的工作就完成了。根据一些自由意志论者的观点，行动者因果关系现在介入了进来。在量子力学设定了概率之后，希特勒自己通过行动者因果关系来选择他实际上要做出什么决定。物理学设定概率，但人们是通过行动者因果关系来决定最终发生什么的。

如果这个描述是正确的，那么我们对自由意志论的反科学的批判就会被驳回：行动者因果关系可以与量子力学和平共存。事实上，这幅共存的构想使行动者因果关系完全被量子力学的概率所控制。

想象以下有趣的（即使是极为不道德的）实验。首先，生产出100万个与在1939年的希特勒一样的克隆人。然后，在100万个独立的实验室中，精确地复制出希特勒在决定入侵波兰之前所面临的情形。把每个克隆人都放在一个实验室里，然后骗他相信这真的是 1939 年，并且他统治着德国。然后等着看结果，记录下有多少克隆人试图入侵波兰，有多少克隆人试图入侵法国，有多少克隆人试图成为一名芭蕾舞舞者。共存构想说，你将观察到行为的分布，这些行为大致符合上面列出的概率，因为共存构想认为，量子力学正确地给出了结果的概率。因此，你会看到大约 950,000 个克隆人试图入侵波兰，大约 49,000 个克隆人试图入侵法国，大约 1000 个克隆人练习芭蕾舞。如果你一次又一次地重复这个过程，你将继续观察到比例大致相同的结果。（你重复实验的次数越多，总比率就越接近概率，就像一个人抛硬币的次数越多，正面和反面的比率就越接近 1:1 一样。）如果你改变了克隆人面对的实验室条件，使量子力学预测不同的概率，你将观察到一种新的符合新概率的行为分布。分布情况遵循量子力学的说法。

那么，行动者因果关系有什么好处？它似乎盲目地遵循概率，对结果的分布没有影响。这种行动者因果关系是空的；对自由或责任来说，它不会增加任何东西。如果能有什么价值，行动者因果关系必须能够干扰量子力学给出的概率。不可能存在和平共处：行动者因果关系论者必定与科学发生冲突。量子力学并不能对行动者因果论者有所助益。所以，让我们回到忽略量子力学的路径上。

我们又回到了令人沮丧的困境中。显然，我们必须拒绝科学或拒绝自由。然而，这两种选择似乎都不具有任何吸引力。

相 容 论

很多哲学家相信有走出这种困境的出路。另外一些哲学家认为，这种出路是一个巨大的错误。你必须自己决定应该如何选择。

这种摆脱困境的出路被称为相容论（compatibilism）。根据相容论者的观点，当我们说可做的选择是拒绝自由还是拒绝决定论时，我们的讨论一直是错误的。相容论者认为，这忽略了第三种选择。我们既可以拥有蛋糕，也可以吃它：我们既能保留自由，也能保留决定论。这样，我们就可以同时保留我们的科学和人性。第一节的论证得出了自由和决定论是相互对立的，这是一个错误。实际上，自由意志与决定论是相容的。所谓的冲突是一种幻觉，它建立在对自由意志概念误解的基础上。我们的行动（或者至少其概率）实际上是由我们出生前的事件导致的。但尽管如此，它们常常是自由的。

为了解释相容论者的观点，让我们首先考虑一些例子。想象一下,一个非常年轻的男孩对"男人"(man)概念有着严重误解。这个男孩认为,男人从来不哭是"男人"这个词定义的一部分。据他所知,他家里的男人从来不哭,电视上的男人从来不哭,等等。他当然相信他的父亲是一个男人,但有一天他看到父亲在哭泣。这个男孩变得非常困惑。现在,他的两个信念,即他认为他父亲是一个男人的信念与他认为他的父亲在哭泣的信念发生了冲突。他应该放弃哪个信念呢?他应该认定他的父亲根本不是一个男人吗?还是他应该认定他的父亲不是真的在哭——而是,比如只是在切洋葱?显然,两种选择都不应该做。实际上,他应该澄清对男性(manhood)本质的概念上的混淆。然后,他就会看到,他对父亲是一个男人的信念与他的父亲在哭泣的信念归根结底是相容的。

下面是第二个例子。你如何定义"接触"(contact)这个词?就像棒球手巴里·邦兹(Barry Bonds)的球棒与棒球接触那样吗?如果你和大多数人一样,你的第一个答案可能是这样的:当事物之间没有空的空间时,事物就是在"接触"。但现在回想一下你高中时学过的科学。棒球和球棒是由原子组成的。这些原子由原子核和周围的电子组成。当一个原子接近另一个原子时,原子的电子以电磁力相互排斥。原子越靠近,作用力就越强。最终,力变得如此强大,以至它们把原子相互推开。这种情况发生在原子彼此非常接近,但在它们的电子开始重叠之前。因此,当棒球手邦兹的球棒接近棒球时,球棒的最外层原子开始排斥棒球最外层的原子,直到最终棒球停下来并飞向相反的方向。球棒和棒球之间每时每刻都有一些空隙。事实上,球棒和棒球之间、拳头和下巴之间、手指和电脑键盘之间,或者我们所认为接触的任何其他东西之间,从来没有绝对的零空间。然而,我们都认为接触是经常发生的。因此,我们有另一个明显的冲突,这一次,是我们对高中科学的信念和我们对事物通常接触的信念之间的冲突。我们应该放弃其中一个信念吗?显然不是。相反,我们应该放弃前面提出的对"接触"的定义。在某种意义上,那些接受这个定义的人在概念上是混乱的。因为即使事物之间有少量的空间,它们也可以是在接触。(那么,接触的正确定义是什么?很难回答!"当事物之间没有可见的空间时,事物是在接触"这种说法怎么样呢?这只是一个开始。)

相容论者对自由意志提出了类似的主张。决定论看起来似乎与自由相冲突,这仅仅是因为我们误解了自由的概念。如果"自由"意味着"没有原因引起",那么这种冲突将会是真的。但这不是"自由"的意思。(回想一下特蕾莎修女的例子。)一旦我们消除了概念上的混乱,冲突就会消失。然后,我就能既相信自由意志，又相信决定论。如果做出了正确的理解，那么它们就从来没有真正地相互反对过。

到目前为止，一切都还不错。但是，如果"自由"的意思不是"没有原因引起"，那它是什么意思？相容论者想说，大致上讲，一个自由的行动就是以正确的方式被引起的行动。当你被绑架了并被迫杀人时，你的行动是不自由的，因为你的行动是被错误的方式引起的。自由行动，例如，希特勒对波兰的入侵、我对这一章的写作以及你正在读它等也是有原因的，但它们是以正确的方式被引起的。所有的行动都有原因，但有原因并不能解决行动是不是自由的问题。它是不是自由的是由它有什么样的原因来决定的。如果就像这个定义所说的那样，自由行动就是那些以正确的方式被引起的行动，那么，一个行动既可以是自由的，又可以是被引起的。因此，按照这个定义，自由与决定论并不冲突。

强决定论者和自由意志论者可能会反对说所有的原因都应该受到同样的对待。只要我的选择是由我出生前的事件引起的，它就是不自由的；它是被如何引起的并不重要。但出于某些目的，相容论者可以回答说，很明显，并非所有的原因都是相同的。在球员进球时，铲断他的突然进球导致他摔倒是符合足球比赛规则的；用弩箭射伤他导致他摔倒是不符合足球比赛规则的。足球比赛规则对待某些原因与对待另外一些原因不同。根据相容论，我们可以用相似的方式来考虑自由与道德。像足球一样，道德是有规则的。这些规则对某些原因的处理与对其他原因的处理不同。如果一个行动是以某种方式——正确的方式——被引起的，那么道德规则就把这个行动算作自由的。但是，如果一个行动是以错误的方式被引起的，那么规则就会认为这个行动是不自由的。

确实，奇怪的是，即使我的行动是由发生在我出生之前的事件引起的，它们也可以是自由的。在此基础上，一些哲学家拒绝相容论。但鉴于强决定论和自由意志论让人难以置信，相容论至少应该得到公正的审视。

然而，相容论者必须进一步完善他们的理论。当他们说自由行动必须"以正确的方式"被引起时，这到底是什么意思？举例来说，希特勒的入侵是以正确的方式被引起的；你被绑匪胁迫后进行的谋杀是以错误的方式被引起的。但这些例子还不够好。我们需要一个定义。

这是第一次尝试：一个自由的行动是由人的信念和欲望引起的。这个定义与一些例子是一致的。当你被绑架时，你的信念和欲望并没有导致你射杀第一个受害者或从飞机上摔下来后摔到第三个受害者身上。你不想做这些事；你的行动是由绑架你的绑匪的信念和欲望引起的。因此，上面提出的定义正确地将你在这些情况下的行动算作不自由的。它也正确地将希特勒的入侵算作自由的，因为入侵是由希特勒的邪恶信念和欲望造成的。同样，根据这个定义，由于我的信念和欲望导致我写这一章，而你的信念和欲望导致你阅读它，因此，这些行动也是自由的。

但是，这个定义的成功并未持续下去。回想一下第二个受害者，在你被催眠后，你对他下了毒。如果绑匪催眠你让你想去（wanting）毒害受害者，那么他的中毒是由你的信念和欲望引起的。因此，根据这个定义，你是自由的。但显然你不是自由的。因此，这个定义是错误的，相容论者需要一个更好的定义。

当你被催眠时，你获得的信念和欲望会违背你的意志。因此，也许我们应该改变定义，说：一个自由行动是由人的信念和欲望引起的，只要人是自由地选择了这些信念和欲望。但这个定义是循环的（circular）："自由"一词在其自身的定义中被使用了。如果循环定义是合适的，我们可以使用一个简单得多的定义：一个自由的行动是自由的行动。但这显然没有任何助益。循环定义让人难以接受。

（撇开循环定义不谈，我们还不清楚修改后的定义是否正确。我自由地决定继续写这一章。我的决定是由我完成这本书的欲望引起的。我真的是自由地选择了这个欲望吗？对此我很怀疑。我想完成这本书，仅仅是因为我是那种人。我不是选择了拥有这种欲望；我只是发现自己拥有它。但这似乎并不破坏我继续写作的决定是自由的这一事实。）

那么，"一个自由的行动是由一个人的信念和欲望引起的，只要这个人不是被另一个人强迫拥有这些信念和欲望的"这个定义如何呢？这个新定义引起的问题与它回答的问题同样多。"强迫"这个词在这里是什么意思？（哲学家总是问这样的问题。）当你思考它的时候，你发现"强迫"在一般意义上的意思是，"被引起以破坏自由"。但如果是这样，用"强迫"来定义"自由"就是循环的，因为"强迫"本身就是用"自由"来定义的。这个循环并不像定义中直接使用"自由"一词时那样明目张胆，但它同样是循环的。所以，相容论者最好不要在一般意义上使用"强迫"一词。

如果"强迫"只是指"被引起"，那么这个定义就不是循环的。但这样的定义就行不通了。回想一下我继续写这一章的自由决定。这个定义要求，该决定是由我的信念和欲望引起的，是由我完成这本书的欲望引起的。定义进一步要求，这种欲望不由任何其他人引起。但这种欲望的原因之一确实涉及其他人：我的父母给我灌输了勤奋和热爱学习的观念。因此，如果另一个人在因果上的介入会造成一个被强迫的欲望,那么我继续写作的欲望就是被强迫的。因为我们与他人的因果互动,所以,在某种程度上,我们的行动都有信念和欲望;没有人是一座孤岛。因此,如果"强迫"是指"被引起",那么这个定义就会意味着没有人曾经自由地做过任何事情。这不是相容论者想得到的结果。

该定义的另一个问题是,并不是所有的强迫都是由另一个人导致的。一个有偷窃癖的人强迫性地想要去偷东西,并因此去偷窃了。但他不是自由的;他无法忍住他强迫性的欲望。然而,这个定义认为他是自由的。因为他的偷窃是由他的信念和欲望引起的,他不是被另一个人强迫着去拥有这些信念和欲望的。我们可以删除"被另一个人"。那么定义将会是这样的:一个自由的行动是由一个人的信念和欲望引起的,只要这个人不是被强迫拥有这些信念和欲望的。但"被强迫"的含义问题仍然存在。它的意思不能是"被引起"(按照决定论,所有的信念和欲望都是被引起的)。它的意思不能是"被引起以不破坏自由"(这会是循环的)。

让我们对给出一个定义进行最后的尝试:一个自由的行动是由这个人的信念和欲望引起的,只要这些信念和欲望来自"他是谁"。"他是谁"的观念需要进一步的解释。随着人走向成年，他逐渐发展了他的性格、他的道德信念和习惯、他的自我概念以及其他赋予他"一个身份"的品质。当我说这个人所是的那个人时，我指的正是这些品质使他有别于个人的道德观念。一个成年人是谁，在一定程度上是教养和环境的问题，但也在某种程度上是一个事关选择的问题。当我们成熟时，我们塑造自己；即使在成年后，我们也会继续反思自己，而且，如果我们不符合我们的理想，我们就会尝试做出改变。因此，当该定义说信念和欲望必须源自那个人所是的那个人时，这意味着信念和欲望必须符合那个人的个性：它们必须符合那个人随着时间的推移为自己塑造的性格、道德信念和习惯以及自我观念（并继续进行微调）。

在本章开头的例子中，在你摆脱催眠状态后，你将会倾向于抗议毒害了第二个受害者，因为致使你这样做的并不是"你所是的那个人"。毒害他不符合你的个性。尽管你当时（因为被催眠）想毒害他，但这种欲望与你一直奉行的价值观相冲突。偷窃狂的例子更棘手，但在此我们也可以说，尽管他的偷窃是由他的信念和欲望引起的，但那可能不是自由的。因为我们假设，即使他总是发现自己想去偷东西，但他一直讨厌这种欲望。他一直试图抵制这种欲望——有时完全成功，但不幸的是，有时并未成功。此外，假设他认为偷窃在道德上是错误的。考虑到所有这些关于他是谁的事实——他的道德信念、他不想偷窃的欲望，以及他抵制自己偷窃欲望的方式——那么他偷窃的欲望就不是来自他是谁。因此，该定义说他的偷窃不是自由的。

这个最后的定义可能是正确的尝试，但我们仍有工作要做。首先，定义说，你在催眠状态下的欲望不是源自"你是谁"，因为它们不符合你通常拥有的欲望；它们是反常的。但是，许多完全日常的自由行动都是由反常的欲望引起的。虽然我通常是一个和蔼可亲的人，但在我的生活中，我也曾有几次暴躁地呵斥某个人。尽管这对我来说是反常的，但我的呵斥显然是一种自由的行动。因此，我呵斥某人的欲望最好还是算作来自"我是谁"。不管怎样，该定义必须对我想要呵斥的欲望与你被催眠后想要下毒的欲望的处理有所不同——尽管每个欲望都不是出于我们的个性。

其次，比较两种改变"一个人是谁"的方法。方法一：有人长期对我洗脑，让我成为了一个可怕的人。他对我的洗脑是如此彻底，以至在我的余生中，我只想伤害别人。起初，我的行为似乎不符合我的个性。但很快每个人都忘记了我以前好的品质，认为我是一个恶魔。我后来的行动是自由的吗？这个问题很难，但似乎它们至少部分是不自由的，因为新的邪恶的

"我是谁"是洗脑的结果。方法二：我经历了道德改造（moral transformation）。当我意识到我的生活正在变得糟糕、需要改变之后，或许是在精神领袖、治疗师或其他道德向导的帮助下，我改变了"我是谁"。（道德改造也可能是从好到坏的：我们都听过有前途的年轻人的故事，他们做出错误的决定，堕落到与坏人为伍，变得自我毁灭并且道德败坏。"坏人"的成员充当了消极的道德"向导"。）与洗脑不同，道德改造并不破坏自由意志。但是，在每一种情况下，尽管一个人的行动在其他人的影响下发生了变化，但是它还是符合"他是谁"的。该定义必须区别对待这些情况。

提出一个相容论的自由定义非常容易。不过话又说回来，有谁曾说过这应该很容易吗？定义任何有趣的东西都很难。（在前面，我们甚至不能定义一个像"接触"这样微不足道的词语。）看看相容论的替代者：自由意志论（"我不通过亲身经历就知道物理学是不完整的！"）和强决定论（"我拒绝关于人性的一切美好！"），如果我们给出一个相容论的自由定义的首次尝试没有成功，那我们就应该继续努力。

拓展阅读

加里·沃森（Gary Watson）的论文集《自由意志》（*Free Will*, Oxford University Press, 1982）包含了许多关于自由意志的有趣论文。请特别读一下罗德里克·齐硕姆（Roderick Chisholm）、彼得·范·因瓦根、A. J. 艾耶尔（A. J. Ayer）和苏珊·沃尔夫（Susan Wolf）的文章。齐硕姆捍卫了自由意志论，范·因瓦根展开了反对相容论的仔细论证，艾耶尔捍卫了一种简单形式的相容论，沃尔夫捍卫了一种复杂形式的相容论，并像本章讨论的最后一种定义那样讨论了相容论对自由的定义。

蒂莫西·奥康纳（Timothy O'Connor）在其著作《个人与原因》（*Persons and Causes*, Oxford University Press, 2000）中捍卫了自由意志论。

第七章

构　成

构成悖论

不可能仅仅将一个物质对象——冰块、汽水罐或雕塑——放在一个人的手里。在所有看似仅有一个单一物质对象的情况中,实际上都有两个对象。

只有哲学家才会梦想为这样的说法辩护。正如伯特兰·罗素(Bertrand Russell)曾经说过的那样,"哲学的意义在于,从一些简单得似乎不值得说的东西开始,然后以一些如此自相矛盾以至没有人会相信的东西结束。"但仅仅以产生这种让人震惊的作用结束,不是它的目的。哲学家努力解决那些得出反直觉结论的论证,这是因为这些论证揭示了世界上隐藏的复杂性,即使在平凡的事物如冰块、汽水罐和雕塑上也是如此。

下面我们从反直觉主张开始论证。冰块、汽水罐和雕塑是由物质构成的。冰块是由水分子构成的，汽水罐是由铝构成的，雕塑是由黏土构成的。所以，凡是有一个物质对象的地方，也有另一个对象：大量（一块）物质［a quantity（piece）of matter］。凡是有冰块的地方，也有大量的水；凡是有汽水罐的地方，也有一片铝；凡是有雕塑的地方，也有一块黏土。冰块、汽水罐和雕塑是由大量该物质构成或组成（constituted）的。但它们与组成它们的物质不是同一个对象。这是因为我们考虑到了以下问题：在这个冰块被构成之前很久，构成冰块的大量的水就存在了。而如果把冰块放在室温下，它就会融化，因此被毁灭，然而，那些水将会继续存在。雕塑家从一块黏土开始雕塑。通过将它塑造成正确的形状，他创造了一个雕塑，这个雕塑事先是不存在的。如果他厌倦了这个雕塑，他可以把它压扁，这样就毁了这个雕塑，尽管压扁雕塑不会毁掉这块黏土。因此，这块黏土与这个雕塑不是同一物体，因为它存在于雕塑存在之前，而且在雕塑被毁后继续存在。我们可以这样想，雕塑家从一块黏土开始，黏土是一个物体，然后他创造了一个新的事物，即雕塑。这是第二个物体。因此，在他完成雕塑后，就有了两个物体，即黏土和雕塑。因此，当我把雕塑拿在手中时，实际上有两个物体，即一个雕塑和一块黏土。看起来似乎只有一个，但实际上有两个。

这个推理得出的结论是，这个雕塑和这块黏土是两个不同的物体。但这个结论很难让人接受。想想这些物体彼此是多么相似。首先，它们处于完全相同的位置。此外，它们由完全相同的物质构成，这就意味着其大小、形状、重量、颜色和纹理完全相同。它们甚至比工厂里新生产的两个完全一样的台球更相似，因为这样的两个台球是由不同的物质构成的，并且有不同的空间位置。考虑到这个雕塑和这块黏土之间如此相似，那么说它们是两个不同的物体不就是荒谬的吗？然而，它们是两个不同的物体；它们必须是，因为这块黏土存在于雕塑形成之前，并可以在雕塑被毁之后依然存在。

这就是 20 世纪美国哲学家 W. V. O. 蒯因（W. V. O. Quine）所说的悖论（antinomy）的一个例子：明显合理的推理导致了一个明显荒谬的结论。哲学家看重悖论，因为它们一定会教给我们一些东西。一旦陷入悖论，我们就不能安于现状，必须有所作为。要么是显然合理的推理完全是不合理的，要么是显然荒谬的结论并不像它看起来那么荒谬。我们要做的是找出到底是哪一个。

构成悖论的一些假设

首先,我们必须确认在构成悖论中的一些关键假设,尤其是我们可能在不知不觉中做出的任何默认的假设。最明显的假设是:

创造:雕塑家确实真的创造了雕塑——也就是说,在雕塑家雕刻它之前,雕塑是不存在的。

其次,这个论证也提出了一些不太明显的假设:

幸存:雕塑家通过将黏土做成雕塑并没有破坏大量的黏土。

存在:真的存在像雕塑和一块黏土这样的物体。

最后,这个论证的结论陷入了悖论,它一定真的是荒谬的:

荒谬:两个不同的物体不可能在同一时间共享同

——物质和空间位置。

假设我们没有忽略其他假设，为了解决悖论，我们必须拒绝"创造""幸存""存在"或者"荒谬"。总体上说，研究这些假设将会让我们揭示物质对象的性质。

"仅是物质"理论

让我们从"创造"开始。这个假设是说，只有当雕塑家把一块黏土雕刻成雕塑的形状时，雕塑才开始存在。相反，想否认这一假设的人可以说，雕塑家什么也不创造，只是简单地改变了这块黏土。把一个红色的谷仓涂成绿色没有创造任何东西；它仅仅改变了谷仓的颜色。同样，可以说，雕塑家只是把这块黏土从一个块状的形状变成一个雕塑的形状。

这将会避免荒谬的结论，即两个不同的物质对象共享同一物质。正如先前的红色谷仓与随后的绿色谷仓是相同的谷仓一样，先前那个块状的黏土与随后雕塑形状的黏土是同一块黏土。当你手里拿着雕塑的时候，你只拿着一个东西：一块有着雕塑形状的黏土。

这种回应可能是以物质对象性质这个一般的理论为基础的。以"仅是物质"理论（just-matter theory）为例，根据这一理论，那些大块（量、片）的物质是唯一存在的物体。一块物质由构成它的物质来规定。创造一大块物质的唯一方法是创造一些新的物质。仅仅重新安排先前存在的物质不会产生新的大块物质，它只会改变旧的大块物质。当雕塑家将那块黏土雕刻成雕塑的形状时就是这样。同样，毁灭一大块物质的唯一方法是毁灭它的一些物质。重新排列物质甚至使物质分散开，改变了物质，但没有毁灭它。所以，压扁雕塑没有毁灭什么。被压扁后的这块黏土重新变成块状，但它仍然存在。

"仅是物质"理论导致了令人震惊的结论——也许就像我们试图避免的悖论的荒谬结论一样令人震惊。我们通常认为雕塑家是在创造事物。同样，我们通常认为冷冻盘中的冷冻水会产生冰块或工厂中的成型铝片会形成汽水罐。"仅是物质"理论否认了这一点。它说，你的饮料中的冰块在冷冻前就存在了，尽管那时它还不被称为冰块；你的汽水罐在工厂把它制作成型前很久就存在了，尽管那时它还不被称为汽水罐。

一辆失事的汽车被拖到垃圾场，在那里被粉碎、拆分，并作为废料出售。这就把汽车毁灭了，对吧？而根据"仅是物质"理论，这是错的！我们之前称为"汽车"的大量物质仅仅是被分散开了。所有的金属（塑料和橡胶）仍然存在，它们被出售给位于不同地点的不同的人。既然物质本身没有被毁灭，那么大块物质就依然存在。我们过去称之为"汽车"的物体仍然存在，尽管我们不能再称它为汽车，因为它不再具有汽车的形状。

再来看一个更极端的例子：当苏格拉底在两千多年前去世时，他的尸体被埋葬，然后慢慢腐烂。到如今，组成他的物质已经消散在地球表面了，甚至有的物质已经完全离开了地球。然而，物质本身并没有毁灭。因此，根据"仅是物质"理论，苏格拉底依然存在。或者，更准确地说，我们以前称为"苏格拉底"的对象仍然存在。我们不能再称它为"苏格拉底"或一个"人"，因为它不再具有人的形态；它现在是一个分散的物体，就像一副散落在桌子上的纸牌。但它仍然存在。出于同样的原因，"仅是物质"理论说明你自己在几千年前就存在了，因为那些现在是你的物质在那时就存在了。它在那时候不是一个人，因为它在地球表面分散开来，但尽管如此，它那时候还是存在的。

也许，最终我们应该接受"仅是物质"理论提出的这些奇怪的主张。但是，让我们先来看看其他的选择。

接管理论

我们或许会转而拒绝"幸存"这个假设。为了得出这样一个荒谬的结论,即雕塑家的雕刻产生了两个不同的物体,我们需要假设他创造了雕塑("创造"),但我们也需要假设他没有破坏原来的那块黏土("幸存")。因为如果创造雕塑破坏了那块黏土,那么在这个过程中的每一点上都只存在一个单一的物体,这样我们就避免了悖论的结论。

一块黏土真的能只是通过重塑它就被毁灭吗?尽管这很难让人相信,但我们也不应该对它置之不理。正如我们将要看到的,对悖论的每一个反应都需要说一些奇怪的东西。(就是这一点使构成悖论是好的。)我们反过来应该找到更多的信息:重塑这块黏土是怎样毁灭它的?关于物体的什么一般理论证明了这个主张?

最好的答案是接管理论(takeover theory)。一个物体,如一块黏土或一个雕塑,由某些物质粒子构成。一组粒子根据其排列方式将会构成特定种类的物体,例如,黏土类或雕塑类物体。在上述悖论中,当黏土粒子以块状的方式排列时,它们就构成了一块黏土。后来，在被雕塑家改变后，它们被安排形成一个不同种类的物体，即一个雕塑。但根据接管理论者的说法，粒子一次只能构成一个物体。因此，一旦粒子以雕塑的形式排列，雕塑种类就接管了黏土块种类：黏土块停止存在，一个新的物体，即一个雕塑开始在它的位置上存在。这些粒子不再构成原来的那块黏土；那块黏土不再存在。这些粒子现在构成了一个不同的物体，即一个雕塑。

物体的种类决定了其经历了何种变化之后能够幸存和不能幸存。雕塑类的物体必须保持雕塑的形状。因此，如果雕塑被压扁，不再有雕塑的形状，那么雕塑就停止存在；从雕塑类对粒子的控制回到黏土类对粒子的控制上，一个不同于雕塑的物体就会出现。在任何时候，只有一个种类控制粒子；在任何时候，这些粒子都仅仅组成一个物体。

接管理论与"仅是物质"理论观点一致，即认为一组粒子一次只能构成一个物体。但是，"仅是物质"理论说，无论粒子如何排列，被构成的物体总是与这些大量的物质的种类相同；而接管理论说，种类的不同取决于粒子的排列方式。适当排列的粒子可以构成雕塑、冰块或汽水罐。这当然是接管理论的一个优势：这意味着并不是所有的物体都是由其物质来定义的。像雕塑和人这样的物体经历了各种变化后是否依然存在，不仅仅取决于构成它们的物质是否继续存在，而物质的排列方式也非常重要。例如，当雕塑被压扁时，即使它们的物质继续存在，它们也会消失。人也不是由构成他们的物质来定义的。因此，根据接管理论，苏格拉底不再存在：当他的身体腐烂时，尸体的类接管了人的类，而以前存在的人——苏格拉底——停止了存在。

然而，总的来说，接管理论似乎比"仅是物质"理论更糟糕。接管理论认为，当雕塑的类接管了黏土的类时，黏土就被毁灭了。人们只要把一块黏土雕刻成雕塑的形状，就能毁灭它。你试试去当地的酒吧说服别人相信这个观点！[许多人也许会承认一块黏土可以"转化"成雕塑，"转化"（transformation）是一种继续存在的方式，但接管理论坚持认为这是一种替换（replacement），不是转化。]因此，关于物体能够还是不能幸存，每一个理论都说出了一些与直觉不同的东西："仅是物质"理论认为，人在腐烂和解体后可以存在；接管理论认为，那块黏土在获得更加精美的形状后就不能存在了。到目前为止，每种理论都受到了打击，势均力敌。但现在我们用一种更抽象的方式来比较这些理论：对于什么物体存在的问题，哪种理论有一个直观上更令人满意的规则？"仅是物质"理论有一个明确的规则：所有的物体都是大块的物质。而接管理论没有给出这样清晰的规则。它确实告诉我们在某些情况下存在什么物体。例如，它告诉我们，当黏土块被雕刻时，雕塑的类接管了它，而当一个人解体时，人的类放弃了对它的持有。但是，什么样的一般性理论告诉我们在所有的情况下，一个类接管另一个类？

想象一个来自火星的接管理论者。与地球接管理论者钟爱比如雕塑和黏土这样的类不同，火星接管理论者喜欢说如下这种类：

外件（outpiece）：位于室外的黏土块，不管它的形状如何。

内件（inpiece）：位于室内的黏土块，不管它的形状如何。

地球接管理论者说，当一块黏土被雕刻成雕塑时，它就会停止存在，一个雕塑就会取代它。当然，黏土是在室内还是在室外与它是什么物体无关。火星接管理论者们以完全不同的方式看待这些事物。他们不是以雕塑和黏土，而是以外件和内件来看待世界。他们说，当一件外件被带到室内时，内件的类接管了它，外件不再存在，一个新的内件出现了。只要黏土在室内，这个内件就存在。它是否被雕刻成雕塑的形状与何种物体存在无关。但如果它被带到室外，它就会停止存在，并被一个外件所取代。

地球和火星的接管理论者一致认为，构成悖论的结论是荒谬的；他们一致认为，从来没有两个不同的物质对象由相同的部分构成。因此，他们都认为，在关于正确的种类是什么以及什么对象存在的问题上，都是对方搞错了。考虑一下雕塑家，他在他的房子里即将开始雕刻。地球接管理论者和火星接管理论者都同意他手里拿着一个单一的物体，但他们对它是何种类意见不一。地球接管理论者认为，那个物体是一块黏土，当它被雕刻成雕塑时就被毁灭了。火星接管理论者认为，那个物体是一个内件，它将在雕刻中幸存下来，但在被拿到室外时会被毁灭。他们不可能都是对的，因为同一个物体不能同时继续存在或停止存在。因此，我们的地球接管理论者必须说，火星接管理论者是错的：内件和外件根本不存在。

但是，怎样证明这个主张是合理的呢？地球接管理论者对物体类的选择出乎意料地与我们地球上的人类偶然创造的词语相对应。我们本可以发明不同的词语；我们本可以走火星人的路线，以内件和外件而不是雕塑和黏土来引入词语。地球接管理论者必须说，如果我们像火星人那样引进词语，那么我们几乎所有的关于物体存在和不存在的判断都是错误的，因为我们认为真正的物体是黏土和雕塑，而不是内件和外件。现实恰好包含了与我们现在的词语而不是与火星人的词语相匹配的物体，这简直是一个奇迹般的巧合。相信黏土和雕塑的存在而排除内件和外件，或许是一个人类中心主义的观点。

虚无主义

接管理论者和"仅是物质"理论者都同意，在任何特定的情况下，都有一种物体存在。前者对何种类物体存在的选择是相当人类中心主义的，后者的选择更客观，但结果是反直觉的。

既然在给定的情况下很难选择存在什么种类的物体，也许我们应该说不存在任何种类的物体。这就是虚无主义者（nihilist）的主张。根据"存在"假设，一个雕塑和一块黏土是存在的实体，因此，虚无主义者挑战了这个假设。如果根本就没有如雕塑或黏土（或者说，内件或外件）这样的东西，那么我们的悖论就不会开始。

否认黏土和雕塑的存在是完全荒谬的吗？毕竟，我们恰恰能看到一些黏土和雕塑，不是吗？哲学家们寻求真理；他们不是仅仅试图激怒或惹恼别人,或者说出一些能蒙混过关的东西。他们经常提出令人惊讶或不熟悉的主张,但这些主张必须始终是合理的;它们不应直接与我们感官的证据相悖。否则,即使我们不知道如何确切地反驳这位哲学家,我们也有理由忽视他,认为他是在玩无所事事的游戏。

事实上,否认雕塑和黏土的存在并不是完全荒谬的,也不与我们感官的证据相悖。考虑一下构成我们所说的雕塑的大量亚原子粒子。虚无主义者并非拒绝一切事物的存在,他们同意这些粒子存在。现在,我们大多数人认为,除了这些以雕塑形式排列的数亿万的粒子外,还存在一个"亿万且第一"(septillion-and-first)的实体,即雕塑本身,它由数亿万的粒子组成。但根据虚无主义者的说法,不存在雕塑。只有数亿万的以雕塑形式排列的粒子;没有"亿万且第一"的实体。事实上,根据虚无主义者的说法,唯一存在的东西就是粒子(particles),也就是,绝对没有更小部分的东西。甚至质子和中子也不存在,因为这些东西有夸克作为部分。只有物理的终极粒子(例如,夸克和电子)存在。虚无主义者通过主张雕塑和黏土根本不存在避免了这样的结论,即雕塑和黏土是由同一物质组成的两个事物。虚无主义者认为,事实上,没有比粒子更大的物体存在——甚至连你自己也不存在!你不存在;只存在以人的形式排列的粒子。

虚无主义并不是完全荒谬的，因为日常的感官体验并没有告诉我们是否只有粒子存在，或者是否存在由这些粒子构成的其他物体。我（或者更确切地说，一些以"我的形式"排列的大量粒子）在我的面前看着，明显有某种电脑屏幕的感觉。但同样的感觉也可能由排列成"电脑屏幕"的粒子产生。我怎么能分辨出，除了粒子之外，还存在电脑屏幕？甚至我们中那些相信电脑屏幕的人也同意，他们是由于他们的亿万微观粒子的排列而在看、感觉和闻的。因为，我们必须承认，不管这些粒子是否形成了一个"数亿万且第一"的事物，他们都会看到、感觉到和闻到相同的东西。

但即使虚无主义不是完全荒谬的，不能通过简单的观察来反驳，它也是相当荒谬的。毕竟，继17世纪法国哲学家勒内·笛卡尔之后，我就无法通过简单的观察来反驳我没有正在火星上做一个极其生动的梦。（笛卡尔自己认为，他可以证明一个仁慈的上帝的存在，上帝会保护他不犯如此严重的错误，但其论证无法令人信服。）我可能会掐一下自己看看我是否在做梦，但我可能只是在做梦掐自己！然而，尽管我是一个哲学家，此时此刻我却不怀疑自己当前位于地球上。忽略"我正在火星上做梦"这种古怪的可能性似乎是合理的。不过，很难确切地说什么时候忽略这些可能性是合理的。但也许虚无主义已经够古怪的了,以至可以和梦中的情景相提并论:虽然它难以反驳,但忽略它却没什么危险。

不管怎么说,虚无主义甚至或许不能按自己的条件运作。它假设世界最终是由粒子——也就是说,没有更小部分的事物——构成。但也许没有粒子这样的东西。你是否曾经(在深夜,也许处于一种变异的状态)接受过这样的假说:我们整个宇宙只是另一个巨大宇宙中的一个微小的点?以及,在我们宇宙的每一个原子里,都有另一个完整的小宇宙?如果这个序列永远继续下去,那就不会有粒子存在,因为每个物体都会包含较小的部分。我推断这些想法和笛卡尔的梦的假说一样无聊,但下面这个不那么光怪陆离的版本更令人担忧一些:也许每个粒子都包含更小的部分,如果不是包含整个宇宙。当化学第一次发现原子时,没有人知道原子有更小的部分。然后,人们又发现了质子、中子和电子。之后,科学家更是获知,甚至连质子和中子也有更小的部分:夸克。随着科学家开发出越来越强大的工具,如电子显微镜和诸如此类的东西,他们也不断告诉我们越来越小的物体。也许这一过程将继续下去,没有终结;也许每一个物体,无论多么小,都有更小的部分。在上述两种的任何一种场景中,都没有粒子存在,因为每个物体都有更小的部分。由此,绝对虚无主义(absolute nihilism)说根本不存在任何物体,甚至粒子也不存在。这种观点无法解释我们感官的证据,即物体至少看起来似乎存在,因此它太愚蠢了,不能认真对待。因此,在每一种场景中,必然存在一些物体;考虑到描述这些场景的方式,这些物体必须具有更小的部分。因此,在任何一个场景中,虚无主义都将会是错误的。此外,如果一些具有更小部分的物体确实存在,那么就没有理由否认雕塑和黏土就是这些物体之一。如果是这样,我们仍然面临着物体构成中存在的悖论。在我们设想的场景中,虚无主义没有提供什么帮助,而无论如何,其中的第二种场景对我们所知道的一切来说可能都是正确的。

同居理论

就像"创造"和"幸存"假设一样,"存在"假设也很难被质疑。由于这些都是论证中仅有的假设,我们正慢慢地退回到一个死角。唯一剩下的可能性是质疑"我们的结论是荒谬的"这个假设:换句话说,拒绝荒谬。毕竟,也许两个物质对象可以同时共享相同的物质和空间位置。我们可以把这个假设称为同居（cohabitation）假说，因为它主张同一空间区域可以有不止一个物体居住。

我们的问题一直是，选择是哪个种类的物体处于雕塑家的手中。"仅是物质"理论者说是物质。接管理论者说是雕塑。虚无主义者拒绝做出选择，并且说两者都不是。同居理论的捍卫者也拒绝做出选择，并且说两者都是。

同居理论似乎很奇怪，但我们有什么理由反对它吗？是的，这里有两个反对的理由。首先，就在雕塑家把雕塑形状的黏土压扁之前，据称他手里拿着两个物体：一个雕塑和一块黏土。然后，他把两只手按在一起，把黏土压扁。根据同居理论捍卫者的观点，这只会毁灭其中一个物体：雕塑被毁灭，而那块黏土继续存在下去。但是，雕塑家用力把黏土压扁了，就像他把雕塑压扁一样；他用手对每个对象施加了同样的压力。因此，我们必须得出结论说，雕塑比黏土块更容易受到伤害，更容易被压坏；雕塑比黏土块脆弱得多。但那怎么可能呢？在其所有的物理特征上，这个雕塑与黏土块是完全一样的。它和黏土块由完全相同的物质构成，以完全相同的结构排列。

其次，同样的部分可以构成两个不同的事物这个观点与"一部分"（a part）的概念是相互冲突的。这里有一个荒谬的故事："一个女人曾经认为她的房子需要改变，所以她把它的每一部分都涂成了明亮的橙色。但是，尽管房子的所有部分都变了颜色，但房子自身一点也没有改变颜色；它保持了与之前完全相同的颜色。"这个故事是荒谬的，因为它假设房子是凌驾于其部分之上的某种东西。就像任何一个完整的物体一样，在某种意义上，一座房子只不过是它的部分组合在一起而已。但如果这个观点是正确的，那么我们必须拒绝同居理论。如果一个整体只是它所有的部分，那么那些相同的部分就不能形成两个整体；否则，两个整体之一（或两个）必须与其部分有所不同。

四维主义

我们没有选择了！悖论论证只提出了三个假设："创造""幸存"和"存在"，这些假设都不容易否认。"仅是物质"理论的捍卫者拒绝了"创造"，但致力于反直觉的主张，认为苏格拉底仍然存在。接管理论者拒绝"幸存"，但面临着人类中心主义的指控。虚无主义者拒绝"存在"，但留给我们一个过于激进的理论，让人无法相信。因此，我们可以推断出，雕塑和黏土是由同一物质组成的不同物体。但是，接受这个结论，并因此接受同居理论，本身面临两个强有力的异议。怎么办？

剩下还有一个物质对象理论可以让我们接受同居理论并反驳这两个异议。这就是四维主义（four-dimensionalism）。

就像在第三章所讨论的那样，我们从"时间就像空间"这个理论开始。我们把时间看作第四个维度，与三个空间维度并列。这在图画中表现得最为清晰。思考一下我们在第三章的图3.4中看到的时空关系图。该图的相关特征是，它将物体描绘为既具有时间部分又具有空间部分的对象，这是四维主义的核心主张。我们往往只考虑空间部分：一个人的手和脚，汽车的车门和方向盘。一个人的空间部分在空间上比那个人要小：它们占据的空间区域比整个人占据的空间区域小。但四维主义理论也揭示了时间部分。一个人的时间部分在时间上小于这个人：它们存在的时间间隔比整个人的要小。图3.4描绘了一只恐龙、一个人以及其时间部分。

我们先来看一下这个人：

以及他的时间部分：

每一个时间部分仅存在一次,就像一个人最小的空间部分仅存在在一个位置上一样。整个人由他所有的部分组成,既包括时间部分又包括空间部分。

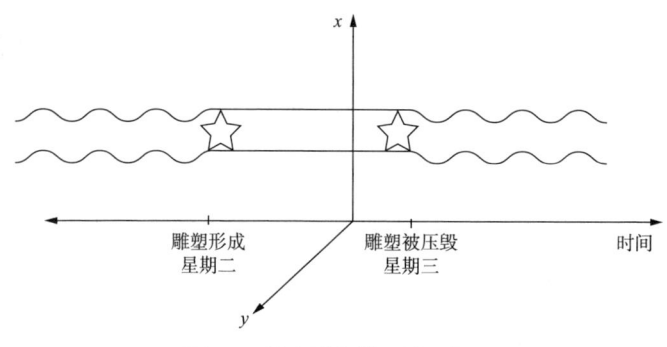

图7.1 黏土雕塑的四维透视图

从四维的角度考虑雕塑和黏土(见图7.1)。该图描绘了一块黏土,它一开始有一个块状的形状,然后形成一个星星雕塑,然后被压回一个块状。该图描绘了同居状态,因为它把雕塑描绘成一个不同于黏土的物体。这块黏土是个完整的物体,它远在雕塑形成之前就开始存在,并且在被压扁后一直存在:

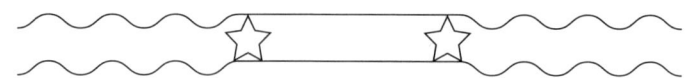

而另一方面,雕塑是仅仅当黏土是星星形状时才存在的物体:

如图 7.1 所示,雕塑是黏土的一部分。因此,雕塑与黏土块是两个不同的物体,就像你与你的手是两个不同的物体一样。因此,四维主义理论欣然接受了构成悖论的结论,即雕塑与黏土是两个不同的物体。

我们曾经看到,同居理论面临着两个反对意见。如果有四维主义理论,那么这两个反对意见都将消失。让我们转而看看这两个反对意见。

第二个反对意见是,同居理论违反了单独一组部分不能形成两个不同的整体这个原则。实际上,从四维主义理论来看,它完全没有违反这个原则。时空关系图清晰地展现出,雕塑与黏土块并没有完全相同的部分。黏土块比雕塑拥有的部分要多,因为它拥有雕塑被压扁之后的时间部分:

同样也拥有形成雕塑之前的时间部分:

因为我们忽视了第四维的时间，所以雕塑与黏土块仅仅是看起来似乎有同样的部分。

第一个反驳质疑的是，既然雕塑与坚固的黏土块是用相同的材料做成的，那么雕塑怎么能如此易碎呢？为了回应这个反驳，让我们继续强行对时间与空间进行类比。雕塑和黏土的一个有用的空间模拟是一条长路和它的一个较小的部分。美国1号公路沿美国东海岸从佛罗里州达一直延伸到缅因州；其中，在费城的一段叫作罗斯福大道。罗斯福大道是1号公路的一部分。它们两个当然是两条不同的道路，因为1号公路延伸得更长（在空间中）。但没有人想知道为什么罗斯福大道如此脆弱，以至终止在费城市界内，尽管它在费城市界内是由与1号公路完全相同的沥青铺成的。它在费城市界内终止，仅仅是费城善良的人们决定在1号公路的一部分使用"罗斯福大道"这个词的结果。如果四维主义理论的设想是正确的，这个类比表明了第一个反对同居理论的论点犯错的原因。为何只有雕塑在挤压时不存在了？对这个问题的回答是，这仅仅是我们选择用"雕塑"这个词来指一块黏土的塑像形状的时间部分的结果。

如果你还是担心第一个反驳威胁到了四维主义理论，这或许是由两个物体在雕塑家手中这个错误的画面导致的，也就是说，两个物体的画面"直接"出现了。如果我摸了一下你的鼻子，在某种意义上，我正在接触两个事物，你和你的鼻子。但是，你的鼻子是我直接接触的唯一事物，鼻子是你的一部分，我通过摸你的鼻子来间接地接触你。在雕塑家手中的两个物体的正确画面与之类似。只有一个物体直接在雕塑家的手中，即对雕塑与黏土块来说都一样平常的当前的时间部分。通过包含一个直接在雕塑家手中的时间部分的形式，雕塑与黏土块自身仅仅是间接地在雕塑家手中。

  如果雕塑与黏土块都是直接出现在雕塑家的手中的，那么这些实体的幸存或毁灭，将会取决于它们当前的物理性质，在这种情况下，我们才或许确实会面临雕塑怎么会如此易碎而黏土块却如此坚固的问题。但是，既然直接在雕塑家手中的事物只是雕塑与黏土块当前的时间部分，那么后面发生的事情就只是这个时间部分的物理性质以及雕塑家对它所做事情的一个应变量。如果雕塑家挤压它，那就会存在黏土块形状的更长的时间部分；如果雕塑家不动它，那么这些时间部分将继续作为雕塑形状而存在。我们会把时间部分的各种各样的集合体称为什么，这个问题依然存在，然而，它是什么取决于这些之后的时间部分像什么。我们只把雕塑形状的集合体称为雕塑，因此如果雕塑家把雕塑压扁了，之后的时间部分就是黏土块形状的，只有在挤压之前的聚合体，才算是"雕塑"。

注意，四维主义理论避免了接管理论所面临的人类中心主义的指控。语言中包含了一个表示黏土雕塑形状的时间部分集合的词语（即"雕塑"）。它没有包含表示黏土时间部分的内件和外件的词语。尽管如此，那样的集合是存在的，那些物体就是火星人将会称之为"内件"和"外件"的东西。四维主义理论说，这些奇怪的集合就像我们熟悉的雕塑与黏土一样真实。比较一下，在一个名字首字母是 A 的城市中的一段美国 1 号公路的集合，我们没有词语来称呼这段线路，但它是存在的，它与美国 1 号公路这样的对象一样真实。因此，四维主义理论除了承认雕塑与黏土块的存在之外，也必须承认内件与外件的存在。

有些哲学家认为内件与外件是很奇怪的实体，因此不喜欢四维主义理论。另外一些哲学家不喜欢四维主义理论，因为他们怀疑时间是否可以与空间进行类比。还有另外一些哲学家对时间部分提出了质疑，认为每时每刻瞬间出现的事物都正在骤现与消失。我自己对这些没有疑问。在与接受雕塑与黏土同样的程度上接受内件与外件，这是一个避免接管理论受到的人类中心主义指控的绝佳方式。而像对待空间那样来对待时间这种做法在当代物理学中获得了丰硕的成果，就像我们在本章所看到的那样，它在形而上学领域也收获颇丰。那么瞬间对象的骤现与消失问题呢？这个或许有点让人惊讶，但是，任何对构成中存在的悖论的解决方案都必定有某种令人惊讶的特征，否则这个悖论就不会让形而上学家们烦恼如此之久了。

拓展阅读

下面的文章涉及了悖论及其在哲学中的重要性：W. V. O. 蒯因（W. V. O. Quine）的《悖论的方式》（"The Ways of Paradox"），收录在其著作《悖论的方式及其他论文》（*The Ways of Paradox and Other Essays*，Random House，1966）中。

罗德里克·齐硕姆（Roderick Chisholm）的著作《人与物》（*Person and Object*，Open Court，1976）第三章捍卫了"仅是物质"理论［通常被称为"部分学本质主义"（mereological essentialism）］。

迈克尔·伯克（Michael Burke）在《维持一个物体在一个地方原则：对象、类、种和持存性条件之间关系新解》（"Preserving the Principle of One Object to a Place:A Novel Account of the Relations Among Objects,Sorts,Sortals,and Persistence Conditions"）这篇相当专业的文章中捍卫了接管理论（尽管他没有给出这个理论的名称）。这篇文章收录在迈克尔·雷（Michael Rea）主编的《物质构成》（*Material Constitution*，Rowman & Littlefield，1997）一书中。

内件和外件的论述是基于伊莱·赫希（Eli Hirsch）的"车内"（incars）和"车外"（outcars）的论述。这一论述出现在他的著作《同一性概念》（*The Concept of Identity*, Oxford University Press, 1982）的第32页。赫希的著作讨论的主要问题是：物质对象如何在时间的流逝中持续存在？

要进一步了解虚无主义，一个很好的资源是特伦顿·梅里克斯（Trenton Merricks）的著作《物与人》（*Objects and Persons*, Oxford University Press, 2001），特别是其中的第一章和第二章。梅里克斯不是一个真正的虚无主义者，因为他相信人也相信粒子。不过他的观点与虚无主义非常接近——他不相信雕塑或黏土块的存在。

我的著作《四维主义》（*Four-Dimensionalism*, Oxford University Press, 2001）的第一章是对四维主义理论通俗易懂的介绍。第五章是对构成问题的较为专业的论述。

朱迪斯·贾维斯·汤姆森（Judith Jarvis Thomson）的论文《跨越时间的部分性与同一性》（"Parthood and Identity Across Time"）批判了四维主义，捍卫了同居理论，也是对构成悖论的一个极好的一般性介绍。这篇论文可以在上面提到的《物质构成》论文集中找到。

第八章

共 相

引 言

大多数形而上学问题都是一种对心灵的拓展,尤其是本体论——追问关于最根本之物问题的形而上学。研究本体论的哲学家常常主张,我们能发现隐藏在通常观点下的显著实体。他们认为,实体根植于一些熟悉的事实中。一旦我们以正确的方式思考,它们就会对我们变得显而易见。而在反对实体的哲学家看来,实体显而易见的存在恰恰是一种幻象。不管二者谁对谁错,通过体会这种争论,我们都能更好地理解这个世界。

现在我们来思考一下典型的三个"美味的红苹果"(Red Delicious apples)这个例子。一个普通的事实是,这三个苹果有几个共同点。例如,它们是红色的,它们曾经长在树上,它们由有机分子构成,以及它们很难吃(尽管"美味的红苹果"有一个自夸性的名字,但最后一点是关于它们的一个很令人遗憾的事实)。

按照一些标准的哲学术语,让我们用属性(property)来概括任何事物或任何人的任何特征。属性包括颜色、形状、结构、位置、温度、年龄、离华盛顿纪念碑的距离、所有权、心情、知觉状态、教育状况、婚姻状况,等等。属性就是某物可能存在的任何方式。如果那些特征存在,我们就把"属性"这个术语指派给它们。因此,在此,我们并没有暗中提出一个有争议的假定。那种作为属性的特征很可能根本就不存在。

更标准的术语是这样的:可以作为不只是一个事物特征的属性被称为共相(universal)。换句话说,共相就是许多事物所能是的方式——如果共相存在。

我们曾提到三个"美味的红苹果"有一些共同点这个普通的事实。同样,要很好地陈述这个事实,我们似乎也可以这样说,存在三个苹果所共享的属性。共享的属性就是不只是一个事物的特征,因此它们可以称得上是共相。苹果不能共享不存在的共相。这个简单的事实似乎证实了共相存在。

对共相存在的争论是形而上学中最持久的争论之一。几个简单的观察真的就能得出共相存在的结论吗?

不能。事实证明,共相是否存在的问题极具挑战性。一旦我们开始思考这些问题,就很难否认共相的存在。我们刚刚看到的简单推理支持共相的存在，当然还有其他很好的理由接受共相。如果共相存在，那么世界上的每个对象都有一些共相。它们处处存在。一旦它们被指出来，那么似乎任何有理性的人都不能否认它们的存在。然而，共相的存在在诸多方面都问题重重，令人困惑。承认共相的存在似乎导致了许多问题但却没有解决任何问题。在哲学上，有一些选择接受了共相存在，但是我们应该看到这些选择有其自身的问题。

支持的理由

我们刚刚考虑过每个苹果都共享一些特征这个事实，那么为什么不能由此得出结论说像这样的普通事实证明了共相的存在？是这样的推理太容易了吗？太容易会有什么问题？如果这个推理不能成立，它到底哪里出了问题？

我们可能试图否认这三个苹果有任何共同属性。毕竟，严格说来，苹果之间没有完全相同的颜色，它们的化学成分在细微上也不相同。在这些观点的支持下，我们可能会完全赞同这种立场，并主张这些苹果实际上没有任何共同之处。

只是，这种立场很难得到辩护。首先，它很难绕开这样的事实，即它们都是苹果，在这一点上，每个苹果都正好相似。这似乎告诉我们，它们有共同的属性，即是一个苹果。

这里也要处理严肃的科学问题。物理学告诉我们，所有的电子都有完全相同的电荷。因此，根据物理学，电子有这一共同的属性。电荷就是电子的属性，在用物理学解释世界上发生的大部分事情时，它起着基础作用，而这些物理学解释已经得到很好的证明。这样看来，要否认电荷是共相，我们就必须反对既定科学的一个基本主张。

其次，假设我们最终能为以下立场，即不存在两个在任何方面完全相似的事物这种观点做出辩护。不过，事物两个属性之间的差异看起来似乎是偶然的。例如，即使所有电子的电荷最终会有微小不同，这似乎也只是事物存在的一个偶然的方式。不管任何特定的电子有什么电荷，难道另一个电子就不能至少偶然具有完全与之相同的电荷吗？为什么不能？什么能绝对保证所有的电子都具有不同强度？对此，我们一无所知。即使电荷实际上没有被共享，但因为它是一个可共享的属性，因此任何电子的电荷都是一个共相。尽管很多以某种方式十分相似的事物最终被证明是有些许不同的，但也存在某些众多事物至少本来可以相似的方式。这些相似就是共相。

还有另一条通向共相存在的路径。很明显，我们看到的是物体。但是我们也看到了一些物体的颜色。同样，我们也看到和感觉到了一些物体的形状和质地。物体的颜色、形状和质地就是那些物体存在的方式，也是物体的属性。而每一种属性也是其他物体存在的方式，或者是它们本来可能存在的方式。既然我们能看到和感觉到这些性质，它们就是存在的。它们又是可共享的属性，所以是共相。

这些推理能站得住脚吗？我们可能试图对知觉（perception）持怀疑态度。有时我们会在知觉上犯错，在某物实际上没有某个特征时认为它有该特征。有些对知觉的怀疑论哲学主张，就利用知觉的不可靠性这一公认事实来提出质疑，他们怀疑我们究竟能否知道对象有什么样的知觉特征。

这种怀疑论本身的是非曲直构成了认识论（epistemology）领域的一个大问题，而认识论是主要处理知识问题的哲学领域。尽管就当前的目的来说，共相的捍卫者甚至根本没有必要与怀疑论进行争论。但仍然需要一个强有力的知觉论证来表明共相的存在。假设你把一个苹果看成红色的。我们由此可以认为你不知道那个苹果是红色的，甚至根本不知道那个苹果是否存在。虽然如此，但我们都会承认，红颜色必定是什么东西。你是将颜色看作苹果拥有的东西。因此，即使这个苹果没有它，纵然什么东西都没有那种颜色，也必定有那种颜色。红色是你将苹果看成某种存在的一种方式,这一单纯的事实表明,有那种事物存在的方式。既然有多个事物至少可能有过这种颜色,那么它就是一种共相。

对共相的进一步论证值得我们注意,这就是对含义(meaning)问题的论证。这个论证集中在以下问题上,即当我们使用语言来组织思想的时候,我们是在做什么。让我们考虑一下主谓形式的简单句"X 是 F","X"代表主语(句子是关于什么的),"F"代表谓语(句子对主语说了什么)。不计其数的句子都是这种结构,如"艾丽斯被逗乐了"(Alice is amused)、"鲍勃被难倒了"(Bob is baffled)和"卡罗尔很体贴"(Carol is considerate)等。很明显,当我们用此类句子来表达我们的想法时,主语即"X"部分指明了我们的主题。那么,谓语"F"对说出我们所要表达的意思有何帮助呢?一个很自然的回答是,我们想要"F"部分来表明我们是如何看待这个主语的。换句话说,我们想要谓语"F"来表达主语 X 所具有的一种属性,即主语有 F(或是 F)的性质。这种意图常常不在我们的脑海中,但如果我们反思一下,就会发现该意图是关于我们用谓语来干什么这个问题的最好想法。当我们想到鲍勃被难倒了的时候,"被难倒了"是我们考虑鲍勃怎么样的一种方式。因此,必定存在一种东西是这个属性。在这些主谓句中，我们用谓语表达的东西是很多事物都具有的属性。因此，我们用那个谓语所表达的东西就是一个共相。

以下是对共相问题的最后一个简短的论证。因为红色和蓝色是两种不同的颜色，因此存在两种颜色（至少两种）。任何颜色都是可以共享的属性，因此共相存在。

我们已经知道了认为存在大量共相的理由，这些共相包括颜色和其他知觉性质、科学量级以及无数谓语所表达的意思。让我们把捍卫所有这些共相存在的哲学家称为共相论者（univerasalist）。为什么我们不同意这些共相论者的观点呢？

质　　疑

我们从苹果有一些共同之处这个事实出发。但是，这个观点的措辞非常漫不经心，它或许被共相论者误解和夸大了。主张苹果或电子有共同的"东西"，因此这些"东西"，即共相存在，这听起来似乎很可疑。把一个苹果叫作"一个苹果"似乎并不是在谈论两种事物，即苹果和另外某种东西。然而，这正是共相论者的论证暗示我们正在做的事情。他们认为，我们既在说某些关于苹果的东西，又在说关于是一个苹果（being an apple）的东西。对此，我们一点也不熟悉。我们所做的全部事情似乎就是将苹果归类为苹果而已。

尽管如此，共相论者的主张在此可能不会有问题。或许我们正在没有意识到共相的情况下谈论共相。首先，我们不应该将共相是事物（things）和共相是物质对象（material objects）这两个主张相混淆。共相论者并不是说共相是与诸如质子、人和脉冲星等个体对象相同类型的实体。共相论者仅仅主张共相是真实的，是实际存在的，它们并不仅仅是貌似存在的或是幻想的产物。共相或许可以存在，只是在本质上与个体对象不同。

而且，共相论者主张，一些关于苹果的真实断言表明共相存在。这个主张并不是在断言在我们讨论苹果时会主动去想的东西。如同我们从其含义论证所暗示出的那样，或许我们只是在心中默认了共相的存在。共相论者主张，由于我们的关于苹果的一些事实断言是真的，共相就必须存在。鉴于我们实际上断言的东西，不管我们对自己正在做的事情做出了什么主动思考，我们都要认可这个主张。例如，共相论者说，当我们将一个苹果归为苹果的时候，只有通过例示表明某物是一个苹果的时候，它才有资格被归为苹果。

无论如何，认为共相看似是对措辞的误解这一点并没有反驳共相。它至多对共相存在的一些论证路径提出了质疑。

然而，共相的存在确实会造成一些问题。让我们研究一下"是红色的"（being red）是被三个美味的红苹果所共享的共相这个假设。共相是如何与苹果相关联的？其一，它在哪儿？它的位置似乎只有两种真实的可能性，而这两者都不具吸引力。

第一种可能性是共相不在空间中存在。它们存在，但却不在任何一个地方。像苹果这样有共相的东西存在于空间中，但共相自身不在空间中。

这种共相存在的非空间选择路径导致了神秘之物的存在。如果颜色不在苹果所在的地方，我们如何看到一个苹果的颜色呢？我们正是在看到那个苹果的时候，看到颜色就在苹果的表面，这不是很明显的事实吗？更一般地说，如果共相不在任何地方，那么它为了被一些事物拥有而不被其他事物拥有，它是如何和那些特定的空间事物相关联的呢？

这些问题可能不是不能回答的。但是，非空间的可能性看起来似乎前景并不美好。

另一种真实的可能性是，哪里有共相存在的实例，哪里就出现共相。因此，"是红色的"出现在三个美味的红苹果中的任何一个那里，也出现在任何一个其他红色的东西那里。至少这给予了共相一个合适的位置，使得我们通过看红色的东西来看到它。

因为其他的事物也同样是"是红色的"这一共相的实例，因此，这个共相不能整个仅仅位于一个苹果所在之处。那么，这个共相是不是分散于空间中，从而其每一部分都位于每个红色事物上呢？

共相的部分分散存在的观点会破坏共相论。共相论者说，在我们的三个美味的红苹果中，每一个都是红色的，这是因为它们都有一个共同之处，即共相"是红色的"。如果每一个苹果都在其所在的位置上有它所属的共相的部分，那么似乎就会得出以下结论，即任何一个苹果都拥有与其他苹果不同的共相。这样一来，它们似乎根本没有共享该共相。

让我们反过来尝试一下"是红色的"作为一个整体存在于每一个红色事物中这种观点。这种观点认为，苹果肯定有某些共同之处，即整体的共相（whole universal）。然而，这种观点似乎说出了某种不可能的东西。如果整体的共相都存在于一个苹果中，那这同一个共相怎样存在于其他地方呢？

事实证明，这也不是完全不可能的。在此，我们应该将"整体地"（wholly）和"单一地"（solely）区分开。我们现在考虑共相位置的看法并不是说，一方面，共相仅仅存在于那个苹果所占据的空间域中，另一方面，它也在其他地方存在。那是完全不可能的！倒不如说，我们认为，整体的共相存在于被一个苹果占据的一个空间域中，同样的整体的共相也同时存在于其他地方。如果它整体地在一个地方存在，那么它的全部就都在那里。但是，这并不是直截了当地说它仅仅在那里。因此，我们说它也在其他地方存在，这并不自相矛盾。

然而，共相占据多重处所会导致困扰。共相论者提出，同一整体事物——共相——在同一时刻能够存在于不止一个地方。好吧，如果这能够发生在共相身上，那么为何它不能发生在诸如汽车的部分这类具体事物身上？设想某辆汽车平行停在路边，汽车右边的轮胎正好挨着路沿石。因此，汽车的一部分肯定在距离路沿石1英尺（30.48厘米）之内。但是，或许那个部分是占据多重空间的。或许，可以说，距离路沿石最近的汽车13英寸[1]宽的部分也位于某个别的什么地方。或许整个这一部分都位于汽车的另一侧，既充当了汽车外部左侧13英寸的部分，也充当了右侧13英寸的部分。（这就是说，同样的13英寸宽的汽车的那个部分位于了汽车的两边，但是，该部分在每一侧有不同的布局使得汽车有了其现在的形状。）汽

---

[1] 1英尺=12英寸。——译者注

车的其余部分——介于 13 英寸部分之间的的中间部分——肯定与路沿石相距超过 1 英尺。因此，整辆汽车——其所有的部分——距离路沿石超过 1 英尺（尽管汽车的一部分也位于距路沿石 1 英尺之内）。现在假定法律这样规定："任何整辆汽车都禁止停在距路沿石 1 英尺之外。"由于汽车的一部分占据了多重空间，你不管怎样小心地停车，都会接到一张违规停车的罚单！相反，如果法律这样规定："汽车的部分必须停在距离路沿石 1 英尺之内的地方。"那么，我们的例子就不会违反法律。但是，想一想那些情形，即法律碰巧也可以以其他方式来理解的情形，我们就会获得更加形而上学的看法。

汽车的部分占据多重位置空间这种观点好像很愚蠢。在物质对象的情形中，我们极度倾向于认为，用于识别部分的空间基础必须起作用。假定确实如此，我们不知道的是为何它在有的情形中起作用，但在其他情形中不起作用。因此，或许它必须在所有的情形中都起作用。如果这是真的，那么共相论者所认为的共相能在整体上同时处在许多场所的观点就是错误的。但如果是这样，共相论者就会陷入真正的困境中。这个困境就是，除了在整体上占据多重空间，似乎就没有任何能被我们接受的理论来说明共相的位置。

当我们更进一步考虑所谓的共相在知觉中的作用时，另一个问题产生了。有时，我们看到了一个熟了的美味红苹果的颜色。假定这就是看到"是红色的"这一共相。那么是不是共相自身有一个颜色呢？对共相来说，不管我们怎样回答这个问题，似乎都出现了困难。

假定共相是被涂成红颜色的。这样，当我们看到共相时就看到红色，这似乎没什么问题。我们看到了苹果的颜色，现在我们说，这个颜色，即是红色的这个共相，是被涂成红色的。

然而，对于这个选择，似乎有太多红色的事物。有红色的苹果，还有红色的共相。我们认为自己看到的是苹果的颜色。但是，现在另一个红色的事物，即红色的共相的颜色似乎让我们不能这么说。如果共相之红色是在看苹果时看到的东西，那么我们似乎根本就没有真正看到苹果的颜色，而倒不如说，我们是在看它的颜色的颜色。如果是这样的话，共相的颜色有颜色吗？或者它是无色的？在此我们似乎踏上了一条不归路。肯定是哪里出错了。

让我们反过来假定"是红色的"不是自身被涂成红色的。我们最好假定它既不是绿色的也不是黄色的，因为任何其他的颜色都会在同等程度上阻碍我们看到苹果的颜色，而且它还会呈现给我们错误的颜色。因此，我们最好假定"是红色的"这个共相是无色的。对于这个选择来说，当我们看到苹果的颜色时，我们是正在看一个无色的共相。

在我们熟悉的看到无色事物的例子中，例如看到清水，我们没有看到颜色。那么，我们如何能在看一个苹果的无色的共相时看到红色？这里又有某些地方出错了。现在，关于共相颜色的两个可能选择都遇到了困难。

另一个对共相的质疑出现在它与关系（relation）相关联时。到现在为止，我们讨论的仅仅是一般的特征，也就是说，一个事物能是它自己的方式，例如"是快乐的"和"是苹果"。共相论者认为，还存在事物之间相关联的方式。他们将这些方式称作相关关系。像单个事物的特征一样，许多关系看起来也有多个例子。例如，假定我们每个人都有一个兄弟，你的兄弟是鲍勃，我的兄弟是保罗。这样看来，你和鲍勃之间存在一个关系——兄弟关系——而我和保罗之间也具有同样的关系。如果你和我现在都具有什么东西，那么我们两人都拥有"具有与某物相关的关系"；如果我们俩每人与某个或其他电影明星年龄相同，那么我们俩就都和某个明星之间有一种"年龄相同"的关系，如此等等。这些就是一种关系看起来存在于许多情形中的例子。在共相论者看来，这些关系也都是共相。

共相的新问题涉及了例示（instantiation）。简单地说，例示出一个属性就是那个属性存在。例如，当你很快乐的时候，共相论者主张你正在例示快乐（happiness）这个一般属性。这个主张似乎表明，在你和快乐之间存在一个关系，即例示。如同我们把共相理论应用到与事物相关联的其他方式一样，现在我们把共相理论应用到例示上。这样，你的快乐（being happy）就包含了你、快乐和第三者即例示，是它将你和快乐相关联。这种相同的例示关系也可以将任何其他的一般属性与有这种属性的事物相关联。因此，共相论者的观点包含了例示是一种作为关系的共相。这似乎也是共相理论必须承认的观点，而就其理论自身来说，它看起来也并无不妥。

但这只是一个开始。现在该理论认识到，你很快乐这个事实中有三个事物：你、快乐和你对快乐的例示。然而，如果在此事实中有这三个事物，那么这三者之间必定以某种特定的方式相关联。你通过具有与快乐之间的例示关系来与例示和快乐相关。但是，就此观点而论，如果陈述了一个事实，那么另一个对共相论理论的应用似乎表明有第四个事物被包含了进来。这个理论似乎表明，在你、快乐和例示这三个事物之间有一个"与……相关"的关系。

如果存在任何这种第四种事物，那么在此并不会止步。这四种事物也是相互关联的，因此这个理论会说有五个事物，它们彼此相关，如此等等，无穷无尽。

我们看到了仅仅通过在一事物和它具有的属性之间进行关联而导致的关系的骤增。这种方式似乎看起来太复杂了。当你很快乐时，你的快乐是你所在的一个状态；它是你是怎样的一个状态。这个关联似乎是直接的。然而，现在，一个共相论告诉我们，有许多数不清的关系介于你和你的快乐之间。即便某个对共相持同情态度的人，也很难相信所有的那些关系。

在共相论者运用解释原则来推断普通关系存在时，同样的解释原则也暗示了这些额外关系的存在。共相论者坚持认为，相关联的事物总是被某些作为关系的实体所关联。如果这种对共相进行解释的原则有其局限，这些局限是什么？

共相论者可能会说例示很特殊。正是这种最大程度上的紧密关系使一个事物与其自身的属性相关联。在这个特殊的情形中，例示关系直接与事物相关，其自身并没有与和它相关的事物有任何关系。但是，不管它是一种多么紧密的关系，它如何能够与那些事物相关，而不与那些与之相关的事物有关系？而如果例示能够或多或少地做到这些，那为何事物不能完全没有任何关系共相，而是仅仅普遍地相互关联呢？

质疑的最终根据

接下来，我们将要看到一些其他理由。在这些理由看来，认为共相存在这一点也似乎有点过分。例如，在从含义出发论证共相存在时，我们的主张是想要主谓句中的谓语起作用。这个主张指出，我（至少是默认地）想起一个共相并试图让句子的谓语把共相归属给句子的主语。当我们认为艾丽斯被逗乐了的时候，我们想到了与艾丽斯相关联的愉悦。像这样的关于艾丽斯想法的例子有很多，并且各种各样。对这样的例子来说，我们在运用谓语时对共相进行归属的断言看似是无害的，而且甚至或许是正确的。但是，存在一个强有力的论证，它让我们否认这种归属一直是我们在运用谓语时正在做的事情。如果这个推理成立，对共相论者来说，它就是一个大问题。我们会看到，它将导致共相存在的主要论证产生困难。

为了理解这种颇具威胁的推论路径，我们可以从指出这样一个有趣的事实出发，即有些属性似乎是它们自己的例子。例如，所有属性，如果不是其他什么东西，都是属性。在此，如果运用共相论者的观点，那么我们就推断出所有属性都共享了一个共相，即"是属性"（being a property）。如果所有属性都绝对具有这个属性，那么"是属性"这个属性也是如此，它同样例示了"是属性"这个共相。换句话说，它是它自己的例子——即我们所说的自我例示（self-instantiating）现象。

不错，这很有意思，至少有点意思。但它看起来非常奇怪。大部分共相看起来都不是自己的例子，即不是自我例示的。举一个非常随意的例子，例如，我们没有很好的理由认为"是快乐的"（being happy）自身就是快乐的（happy）。事实上，这一点毫无疑问。共相应该仅仅是事物的一种方式。它没有能让自己快乐的心灵。再举一个例子，比如，"是苹果"（being an apple）这个共相不是苹果（apple）。当我们数苹果时，我们不把"是苹果"计算在总数内，而这样做当然不会遗漏任何一个苹果。

我们自己很容易相信共相与"是快乐的"和"是苹果"十分相像，因为它们不是自我例示的。因此，我们可以形成以下信念：

"是快乐的"不是自我例示的。

现在，麻烦来了。很明显，共相含义论证中的一个假设在这里出错了。含义论证认为，在像上面这个关于"是快乐的"

句子中，我们运用谓语将共相归属于主语。但是，在这个运用谓语断言来否定自我例示的例子中，结果却表明我们的心灵中不能拥有我们想要用谓语代表的共相。这个共相将会是非自我例示的共相。因为没有这样的共相可以存在，所以，我们的心灵中不能拥有一个非自我例示的共相。

为了搞清楚原因，我们先假定非自我例示的共相确实存在。我们把这个假定的共相称作"UN"。如果UN存在，那么，或者UN确实例示自己，或者UN不例示自己。我们试着来论证这两个选择。结果表明，这两种选择都是不可能的。结果很难显示出UN的存在。因为UN意味着不可能，UN自身就是不可能的，因此UN不能存在。

首先，假定UN例示了它自身。我们可以回想刚才所说的，如果UN存在，那么UN是事物拥有的一种共相，它不能借助该共相例示其自身。因此，任何例示了UN的东西，现在假定也包括UN在内，都不例示其自身。这和我们当前的假定——即UN确实是例示自身的——正好矛盾。因此，我们的假定肯定是错误的。既然UN确实是例示自身的假定是错误的，那很明显，我们可以得出UN不例示自身的结论。

因此，可能这就是对的，即UN不例示自身。这个结论有什么问题吗？让我们假定UN不例示自身，看看会得出什么结论。我们还是应该再关注一下 UN 应该是什么。如果 UN 存在，那么 UN 是事物拥有的其自身不例示自身的共相。现在我们假定 UN 存在并且它不例示自身。那么它就会是不例示自身的共相的例子。那是哪一种共相呢？是的，如果它存在，它就是 UN。因此，我们从 UN 不例示自身的假定推得 UN 确实是例示自身的。既然我们当前 UN 不例示自身的假定如此自相矛盾，那就表明这个假定也是不可能的。因此，这个假定必定为假。换句话说，并不是 UN 不例示自身。更肯定的说法是，我们推导出 UN 确实例示自身。

我们刚刚证实了如果 UN 存在，那么它例示自身。而在这之前，我们证实了如果 UN 存在，那么它不例示自身。因此，如果 UN 存在，就会意味着一种不可能的矛盾状态。任何真理都不会意味着不可能。因此，我们必须得出结论说 UN 不存在。这也许看起来不过是奇怪的共相候选者 UN 的一个特殊的问题。不存在那种共相——但那又怎样？为何它值得我们费心展开这个相当复杂的推理呢？

答案是，因为这个推理破坏了共相存在论证。我们可以用与共相论者论证任何共相存在的完全相同的方式来论证 UN 存在。因为我们刚刚已经看到 UN 不存在，所以这些论证方式在确立共相存在时并不能取得成功。因此，共相存在论证肯定在哪儿出错了。这个错误极其重要。

例如，关于含义的推理开始于一个明显的心理事实，即我们想要用每个谓语为我们做的某种事情。我们本想要谓语代表一个共相。这个论证意味着，我们预期了共相存在。而现在我们看到，至少在一种情形中，我们的预期并不能让我们拥有一个共相。既然 UN 不存在，那么对我们来说就不存在那种由"不例示自身"这个谓语所意指的东西。如果这种情形中关于含义的推理肯定不能证明共相的存在，那么我们为何还要认为这个推理曾经有效呢？

我们对共相的第一个论证，即关于苹果有共同之处的论证变得同样不可靠。这种共同之处（something-in-common）推理可以应用到苹果上，同样也可以应用到属性上。"是快乐的"和"是苹果"这两种属性看起来有很多共同之处。它们两者都是属性，都被许多事物所例示，如此等等。关键是，它们每一个都不被自身所例示。由此，根据一般的共相论推断，我们或许会说非自我例示的共相，即 UN，是这些属性所共享的东西。然而，我们已经看到 UN 并不存在。既然这种类型的推理并不总是有效的，为何我们还要认为它曾经有效过？

明显使用一些科学中的特定共相的论证并不会明显地受到同样问题的影响。但最终这种论证还是存在问题的。科学不会诉诸 UN 来解释物理现象。但是，比如说，科学推论认为电荷是共相。事实上，对许多事物中都出现相同电荷这种现象有科学的解释，而上述结论正是从有科学解释这一事实得出的。也许这些主张的真实际上不需要共相的存在。也许它们设法以下面的主张为真的任何方式为真：

"是苹果"和"是快乐的"是相同的一种方式是，二者都不例示自身。

这个说法不太可能出现在一个正常的谈话中。但是它是真的。它在没有获得 UN 任何支持的情况下就是真的。因此，或许电子具有相同的电荷这一科学主张也可以在没有共相支持的情况下为真。

因此，最终说来，对共相论者来说，得出 UN 不存在的结论还是让人不安的。它使得所有对共相存在进行的推论都看起来很可疑。如果进行更深入的探究，这些对共相存在的质疑或许经不起检验。但这些问题确实使很多哲学家对共相论者的观点产生了怀疑。

其他可选路径

要承认共相论者所接受的共相大量存在,还有什么哲学上的选择吗?

少量共相论

与大量共相论最接近的可选观点是,共相存在,但不像共相论者所接受的那样多。并不是每次当事物存在的方式有明显不同时就有不同的共相。倒不如说,相对来说,共相比较少。特别是,不存在像"不是苹果"和"不自我例示"这样的否定性共相。也许也不存在作为日常谓语如"快乐的"和"红色的"含义的共相。戴维·阿姆斯特朗(David Armstrong)是当代拥护少量共相观点的领军人物,他认为,只有用于科学解释的属性才是真正的共相。

这种新的路径也有其缺陷。它看似通过否认所有"否定性"共相的真实存在而可能从原则上有利于避免 UN 导致的问题。然而,否定性概念的含义是模糊的。例如,"未被占据的空间"这个谓语听起来颇具否定性,但是"空的空间"这个概念呢?它听起来和"未被占据的空间"意指同样的东西,但却没有任何明确的否定性在里面。而"纯空间"呢?它也意指同样的东西,然而听起来却是很明确的肯定。甚至,就连非自我例示本身可能也被描述为是"只能外在例示"的属性,这也不是一种很明确的否定。因此,如果这种观点的一部分是对"否定性"共相存在的否认,那么该观点的这一部分是十分模糊的。

少量共相存在的路径还有另一个问题,即我们很难发现一个确定何为真实共相的辩护原则。是不是所有自称为"科学"的谓语都代表真正的共相呢?包括政治科学?创世论科学?如果不包括,其限制性条件是什么?更何况,完全合法的科学最终也会被证明是错误的。错误的科学理论中的谓语能确定真正的共相吗?如果能够确定,那么为何一个错误的理论会比完全的虚构更好地告诉我们何为真实呢?如果不能,那或许现在的科学,其谓语都不能确定共相,因为可能我们还没有任何完全正确的科学理论。或许不会有人能足够长久和合理地追求科学以最终获得全部真理。如果是这样,那么就永远不会存在一个完全真实和完整的科学,我们靠它就能明确规定真实的共相。但是,如果不存在那些纯粹和完整的科学所使用的谓语共相，那还有哪些是真实存在的少量共相呢？

少量共相的路径不能解决关于共相的位置问题。不管多么少量的共相被例示，它们也会引起多重位置和没有位置的麻烦选择。因此，那个困难依然存在。

最后一个问题是，一个哲学观点提出的共相越少，这个观点就越难解释什么东西符合这些共相。这种对共相进行有原则的紧缩的一个例子是，有一个完全遵从基本物理学的简洁世界观。它坚持认为，所有真实的东西就是那些最少量的东西，这些最少量的东西是我们用来解释事物最根本的物理状态和变化所需要的。关于共相，这种观点认为，只有终极和真正的物理学基本谓语代表共相。这个简洁的少量共相论似乎并没有提供关于真正可能性的一些事实。比如，似乎存在这样的事实，一些其他的属性本来可以是事物的基本物理属性。例如，如果各种其他的属性被当作基本的科学量级，物理学家就会对宇宙是如何形成的做出不同的推论。我们假定事实是这样的，即存在特定的替代性属性，这些替代性属性本来可以是根本的物理属性。如果是这样，那么仅仅承认现行的终极物理学属性存在的少量共相论就是不完备的。原本可能是基本属性的那些东西被遗漏了。

特普论

与共相论者所接受的大量共相进一步拉开距离的一种观点是特普论（theory of tropes）。一个特普就是一个属性。它是某一个事物存在的方式。只不过特普是一个特殊的事物，不是共相。每个特普都只能被一个实体所例示。一个特定的消防栓的红色是一个特普；任何一个其他消防栓的颜色是另一个特普，即使这两个消防栓正好具有同等色度的红色。（事实上，严格说来，每个消防栓的红色部分都有它自己的红色的特普。）

正如我们称呼它的那样，特普论似乎避免了共相的位置难题。既然一个特普有一个例子，每个特普就能整体位于它的例子所在的那一个地方。特普论很有资格同意得出"非自我例示的共相不存在"这个结论的论证。设想你很快乐。那么一个特普就是你的快乐——它是仅仅属于你的。你的快乐特普确实具有一个非自我例示的属性。这种属性是一个特普。这个你的快乐所拥有的特定的非自我例示的特普属性是否也拥有其自身？不是。确切地说，因为它是一个特普，所以它只有一个例子。再次提示，那个例子就是你的快乐。因此，它肯定没有任何其他的例子，包括它自己。

（既然非自我例示的特普不例示自身，那么它自身可能会具有与非自我例示的特普不同的特普。那么或许在此存在一个无限序列，但至少不存在矛盾。这是一个改进。）

然而，特普论有其自身的问题。例如，我们假定一个这样的事实，即两个消防栓恰好具有完全相同的形状。虽然两个消防栓的形状特普不等同，但在其形状特普不等同的情况下，为何二者形状相同这个事实能成立？一般情况下，一个特普论者会说，当两个消防栓的形状特普最大限度地彼此相似时，说那些形状特普是"等同的"就是正确的。真正说来，我们不经意地称作形状"等同"的东西恰恰就是形状上最大程度的相似。

然而，我们算作等同的两个形状不需要在最大程度上相似。设想两个消防栓在形状上非常相似，但其大小不同。较大消防栓的形状特普比较小的要延展出很大的区域。假定第三个消防栓与第一个消防栓的形状和大小完全相同。如果是这样，那么前两个消防栓的形状特普就不是在最大程度上相似的。它们两个不如第一个消防栓和第三个消防栓的形状特普相似，后两个在形状和大小上都相似。而这也完全不妨碍前两个消防栓的形状相同的事实。针对这种相同，特普论需要有另外的解释。

集合论

不接受大量共相的理论家接下来采取的策略就是承认有许多共相存在。他们试图将共相等同于我们在其他研究领域中熟知的某种东西。这种观点的经典版本认为，每个共相都等同于事物的一个集合。例如，"是红色的"这个共相就是红色事物的集合（set）。

集合是我们熟悉的数学对象，它们应用于各种理论。关于集合，一个重要的事实是，当它们具有相同的成员时，它们就是完全等同的。集合的全体成员就是关于它是哪个集合的全部内容。因为这一点，我们常常仅以在大括号中列出其成员的方式来描述集合，例如，{艺术品，账单}就是成员是艺术品和账单的集合，而{1，2，3，...}是正整数的集合。从某些方面来说，集合很容易理解。如果共相最终被证明是集合，这将会让人非常欣慰。

在某些情形下，共相是例子的集合的观点背离了大量共相论。大量共相论承认，何处有事物存在方式的明显的不同，何处就有不同的共相。例如，"燃素气体"（phlogisticated air）被认为是充满燃素的空气，而这被认为是有助于解释燃烧现象。

结果表明，实际上不存在那种物质。因此，没有事物真正具有"是燃素"这个属性。人们一开始认为马萨诸塞州塞勒姆镇（Salem）的居民有的是女巫，这些女巫与魔鬼做交易。但那里实际上没有女巫。因此，没有任何事物真的具有"是与魔鬼做交易的塞勒姆女巫"这个属性。"是燃素"和"是与魔鬼做交易的塞勒姆女巫"两个属性彼此之间看起来颇为不同。前者可以由空气所例示并有助于解释火；后者可以被人所例示并暗含着其从事超自然的交易。然而，集合的观点并不允许存在不同的共相。关于集合，一个基本的事实是，只有当两个集合的成员不同的时候才存在两个集合。"是燃素"的事物集合的全部成员和"是与魔鬼做交易的塞勒姆女巫"事物集合的全部成员正好完全相同。在每种情形中，成员都为空。因此，在每种情形中，实例的集合都是无成员的集合，即空集。然而，鉴于二者之间有明显不同，在此怎能只有一个共相呢？

集合论的另一个缺陷与事实的构成相关。简单事实看似是由使得它们为真的事物构成的。例如，"你很快乐"这个事实（假定它是一个事实）肯定包含了你。那么，你包含在这个事实的构成中，这似乎没有问题。如果存在那样的共相，这个事实也包含了快乐。因此，这个共相似乎也属于这个事实的构成。但是，"你很快乐"的事实似乎完全不包含奥普拉·温弗瑞[1]。(除非你是奥普拉·温弗瑞,如果是,那么恭喜你!——并请设想艾伦·德詹尼丝[2]很快乐这个事实。我们同样可以假定你的快乐不是以任何方式来自奥普拉或艾伦,把她全部从你的快乐中清除出去。)然而,奥普拉是一个快乐的人。因此,她是"快乐的人"这个集合中的一个个体成员。从某种程度上说,一个集合是由它的成员组成的。因此,如果快乐这个共相与快乐的人的集合是等同的,那么奥普拉就以某种方式被包含在快乐的构成中了。因此,她被包含在了"你很快乐"这个事实中。这看起来是错误的。

唯名论

与大量共相论拉开最大差距的理论与所有的路径都完全不同。经典的唯名论(nominalism)坚持认为,根本不存在属性,不存在任何种类的共相,无论它是集合还是不是集合,也不存在特普,仅仅存在特殊对象。我们将一个词语如"红色

---

[1] 奥普拉·温弗瑞(Oprah Winfrey),美国著名脱口秀节目主持人。——译者注
[2] 艾伦·德詹尼丝(Ellen Degeneres),美国著名喜剧演员,综艺节目主持人。——译者注

的"应用到很多事物上，但这并不是因为那些事物共享了一个共相。既然唯名论摒弃了共相，我们刚才考虑的诸多难题似乎都不存在了。

为了能在没有共相的情况下诉诸词语时获得成功，唯名论必须小心行事。例如"红色的"这个词语似乎有许多例子，包括书面的例子和口语的例子。每一个词语都有概括性（generality），概括性是共相的一个特征。为了应对这一点，许多唯名论者都通过仅使用特定的书写符号和声音而不使用词语来限制其理论。当我发"红色的"这个音和你发"红色的"这个音的时候，我们用这两个声音谈及的是"同一个词语"。唯名论就是想在否认这两个声音共享任何共相的同时，解释它们是"同一个词语"的事实。

唯名论者的主要困难就是如何解释引起共相存在论证的那些现象。例如，我们对共相最终的简短的初步论证有其基础。这个论证依赖一个几乎无可争议的事实，即蓝色是一种颜色。似乎这就是关于"是蓝色的"这个属性的一个事实。如果没有这种东西作为那个属性，它怎么能是一个事实呢？

唯名论者对此进行了改述。他们指出，那些句子陈述了一些看似需要属性存在的事实，而实际上它们根本没有陈述那样的事实。他们试图用其他的句子来表明这一点。这些其他的句子应该与最初的句子说出了同样的东西，但甚至连看起来，它们也不需要共相存在。

特别是"蓝色是一种颜色"这个句子，它看起来是关于"是蓝色的"这个共相的。其主语词"蓝色"看起来是指那个属性。而唯名论者会声称，同样的事实也可以以下面的方式表述出来："每个蓝色的事物都是一个有颜色的事物。"在这个句子中，"蓝色"这个词语看起来不是指一个对象，因为它不是一个名词。在这里，这个词语仅仅是一个形容词。

持这种观点的唯名论者必须能够解释下述问题，即这些形容词是如何做到不运用到其他事物上而仅仅运用到那些特定的对象上的。这并不容易做到。为何词语"蓝色"运用到它运用的事物上，而不运用到其他事物上？一个唯名论者会说，"词语'蓝色'像这样使用是由于说英语的人选择了'蓝色'作为蓝色事物的术语，因此它最终能运用到那些实际上是蓝色的事物上。"

尽管并非欺骗，但这个唯名论的主张依赖我们先前对词语"蓝色"的理解。我们并没有询问怎样解释这个词语。考虑到我们对它的理解方式，我们仅仅是在问为什么这个词语能如此这般运用。

然而，这个答案似乎遗漏了什么。它并未告诉我们是什么使"那些事物是蓝色的"是真的。这并不是一个因果问题。唯名论者可以提出关于导致某物变成蓝色和导致某物保持为蓝色的原因的常识和科学。但是，至于解释一个事物是蓝色的这件事包含了什么，唯名论者必须说，"蓝色的事物就是蓝色的，这就是事情的全部。"

任何解释总有到头的时候，但在这个地方停下来很难令人满意。

唯名论者可以看到，我们不会仅仅通过说出以下内容，即"使得一个对象是蓝色为真的东西是，存在一个实体，即共相'是蓝色的'，这个对象例示了这个实体"而增加许多解释魅力。为了充分理解共相，我们需要对所谓的共相有更多了解，对例示也要有更多了解。我们在试图解释这些东西时已经遇到了一些麻烦。而尽管有这些困难，援引共相确实看起来是对某物的"是蓝色的"包含了什么进行解释的开端。在此，唯名论者拒绝任何进一步的解释。

不管唯名论者关于共相的立场是否可以接受，为了避免承认共相存在，同时解释貌似共相的句子是真的这个事实，唯名论者所采取的改述策略有时并不成功。其他一些看似关于共相的句子不能用跟"蓝色是一种颜色"的相同的方式来进行改述。

考虑"懒惰是一种恶"（Sloth is a vice.）这个句子。这是真的。但它并没有与改述后的句子"每个懒惰的事物都是一个恶的事物"（Every slothful thing is a vicious thing.）说出同样的东西。后一个句子不是真的。比较而言，有一点懒惰恶习的人反倒可能很有德行，以至他可能决不是恶的。

用以下句子对这个改述进行替换是可以接受的："每个懒惰的事物至少有一种恶"，因为它也是真的，所以它和第一个句子相符。对唯名论者来说，麻烦产生于句尾的名词"恶"。看起来，"恶"指的是句子所说的任何懒惰的事物所具有的某种东西。这似乎就是"是恶的"这个属性。唯名论者否认任何属性的存在。因此，他们需要一个不同的改述，或者一个不同的对句子真的说明。

对于一些看起来直接而明确地说明了属性存在的断言，唯名论者也需要有所解释。前面我们以下面的主张，即"一些其他的属性本来可以是事物的基本物理属性"，阐明了少量共相论者的一个问题。这个主张看似是关于属性的真理。唯名论者必须否认该主张。他们或许会说它是真的，但不是真正关于属性的，或者他们可能会说，它根本不是真的。不管要为两种主张中的哪一种进行辩护，他们都有解释性的工作要做。

概念论

我们将"苹果"这个词语用于很多事物上,即用到许多个苹果上。为什么?共相论者说,我们将"苹果"一词与"是苹果"这个共相相关联,而"苹果"这个词就用于那些共享该共相的事物。如前文所述,共相论有其问题,包括位置与例示的问题。唯名论者同意将"苹果"这个词语运用到苹果上,但他们否认是苹果之间的共同之处使得这个词语运用到苹果上。我们在前面已经指出,唯名论也有其问题,包括不依赖一个赋予形容词以用法的实体来解释这个形容词应用的困难。或许我们可以将这两种路径之间的差异分开考虑,从而找到出路。

概念论(conceptualism)是这样一种观点,它认为,赋予我们的词语以一般性的东西是我们心灵中的特定事物,即概念。概念是我们用以思考事物的方式。我们有船的概念,我们关于船的概念应用于船,而不应用到其他任何事物上。概念在这种方式上是一般性的。通过采用"船"这个词语代表这个概念,我们一般让该词语应用于船只,而船的概念已经成为"船"这个词语的一部分。这就是概念论的主张。这个主张给予了概念论者一种人们有意用来概括的东西——概念——同时允许他们否认存在任何一个被所有船只共享的实体。

（抛开哲学和实际生活不论：概念论可以被认为是一个友好的折中方案。共相论和唯名论都没有获得完全有效的辩护，但同时二者都得到了某种程度的证实。这看起来不错。但是，概念论的折中特征是一个中立的事实，不是一个优点。我们不需要握手言和，然后继续前进。共相问题的形而上学争论既不是一场战争，也不是一场游戏。这个问题是一个纯粹的智性挑战。如果概念论保留了共相论和唯名论中正确的东西，并且概念论对我们考虑的现象提供了足够的解释，那么概念论就解决了问题。有些接受其他观点的人可能还是会拒绝概念论，因为它遗漏了他们所珍视的其他观点的一些特别之处。他们的拒绝将不会影响这个解决方案的价值。哲学的目标是获悉事情的真相，不是在争论者中达成和解。另一方面，如果概念论没有解决这个智性问题，那么我们可以拒绝接受它，这不会产生任何麻烦。我们也可以拒绝接受所有这些可选方案。我们生活的继续不需要有对这个问题的解决方案。它不是为活得好而必须解决的实际困难。我们可以在闲暇时继续思考这个问题。）

我们返回来继续讨论这个话题。概念论面临着责难。我们一开始对共相的简单论证使用了一些平常的事实，例如，三个美味的红苹果都曾长在树上这一点是相似的这个事实。这看起来算是一个完全在我们心灵之外的事实。苹果是构成这个事实的一部分。事实的其余组成部分或许是三个苹果所共享的共相，或者可能是在每个苹果例示的特普之间的相似，或者是别的什么东西。在任何一种情况下，其余的事实似乎都是关于苹果的，而不是关于我们的某种东西的。概念论确定了苹果的位置，但却没有确定其余事实的位置。人们认为，一个精神性的事物，即"长在树上"这个概念，是剩下来解释苹果有共同之处即都曾经长在树上这个事实的。然而，心灵似乎不是放置事实任何部分的正确场所。

我们对一个概念如何获得其特定的应用的解释也是有问题的。我们熟悉一个给予某些事物一种多重应用的解释方式，这种方式最初大有前途，但结果表明，它并没有什么作用。我们可以通过指着并规定的方式给予一个词语一种多重的应用。这个过程不依赖它所应用的事物中的任何一个共同元素。例如，我们可以从一个没有意义的单词，如"blurg"开始。我们可以规定，"blurg"这个词所应用的事物就是那些我们的手所指的事物，然后用手指这个事物、那个事物和另一个事物。在此之后，"blurg"这个词语就用于这个事物、那个事物和另一个事物，不管它们之间是否有任何共同之处。

然而，这个过程并没有形成一个"blurg"概念。"blurg"

这个词并没有与想起这三个事物的任何方式相关联。我们仅仅是将那些事物标记为"blurg",而没有给这个标签以任何一般性的含义。而且,即使一些像这样的程序能够把应用归属给一些概念,该概念由此也只能应用到那些我们挑选出来的事物上。然而,通常来说,我们的概念并不以这种方式受到限制。例如,我们的"蓝色的"概念应用于常新的和先前未知的事物上——它们就是新的蓝色的事物。很明显,在构建我们的"蓝色的"概念时,我们并没有将它们挑选出来。因此,像"blurg"概念这样列出概念应用的详细清单,将并不能解释为什么"蓝色的"概念能够应用于新事物。

概念论者会说,我们将事物归属给概念不必做任何事情。当我们获得概念时,它们已经被配备上了应用。从本质上讲,概念具有其应用;它们就是应用于特定事物——那是它们的本性。

对概念应用的解释到此为止是有问题的。与唯名论者对为何一般性词语有如其所是的那样应用的解释相比,这种解释不占优势,而且我们没有人会对此表示欣慰。唯名论者说,我们想要用以意指蓝色的事物的词语,即将"蓝色的"运用到那些事物上,是因为它们都是蓝色的,而事情就是这样的。不管这种说法多么不完整,它必定至少是以下真理的一部分,即将

"蓝色的"运用到事物上，那是因为这些事物是蓝色的。相较而言，我们现在所考虑的概念论坚持认为，将"蓝色的"概念应用在它所应用之处，是因为它就是这样应用的。这就不是凭借我们所做的任何事情，也不是凭借蓝色的事物自身来将概念与蓝色的事物相关联。事情到此为止了。这个回答表明，不存在将这个概念应用到蓝色的事物上的根据。而关于蓝色的事物的某种东西看起来确实是它们实际上会被称作"蓝色的"原因的一部分。

这些反对意见对概念论来说并不是决定性的。不过，它们确实对该观点造成了一些解释上的困难和挑战。

结　论

在探讨共相存在与否的问题上，我们已经看到了众多路径存在的一些问题。这个问题中还有更多的哲学理论，但这并没有使这个问题变得更加容易。共相问题是一个棘手的问题。不过让人欣慰的是，通过体味各种可选路径的优势和缺陷，无论如何，这都是对我们智性的一种充实。

拓展阅读

D. H. 梅勒（D. H. Mellor）和亚历克斯·奥利弗（Alex Oliver）主编的《属性》（*Properties*, Oxford University Press, 1997）是近期关于共相的几篇论文的合集，由共相几种路径的辩护者所作。导言部分对其所涵盖的文章的描述很有帮助。

亚历克斯·奥利弗的《共相的形而上学》（"The Metaphysics of Universals"）一文，是对近期关于共相的哲学著作的批判性审视，它包括了一个非常全面的书目。该文收录于《心灵》（*Mind*）杂志，1996 年，第 105 期，第 1—80 页。

第九章

可能性与必然性

可能性与必然性问题

假定你有一个科学家团队,他们有无限的时间和成本,有足够的耐心,那么,对于这个世界,你就会观察到很多东西。你可能会观察到电子、质子、原子、分子、有机体、社会、行星、恒星和星系的运行状态。但是,不管你的研究预算有多大,都可能存在一些你无法观察到的事实。你只能看到世界是怎样的,而不能看到它本来可以是什么样的或者曾经一定是什么样的。也就是说,你不会观察到可能性与必然性。

可能性(possibility)就是本来可以发生的事情,尽管实际上它们没有发生。设想你和你的科学家团队偶然遇到一个在掷骰子的赌徒。假定赌徒掷的骰子是两个六。相反,骰子本来可以是两个一。(或者本来可以是一个一和一个二,或者是其他组合。)在实际情形中,两个一并没有出现,但它们本来可以出现。对实际情形来说，有许多选择，不管是大的还是小的点数。在实际情形中，德国在第二次世界大战中战败了，但事情本来可能会出现相反的结果。在一个可选择的可能历史中，德国战胜了。在实际情形中，独角兽或者 10 英尺（约 3.05 米）高的人不存在，但假如历史以不同的方式展开，它们本来可能存在。

并非所有的事情都是可能的。与独角兽和 10 英尺高的人不同，圆的正方形和已婚的单身汉是不可能的。在可选择的历史中，不存在圆的正方形和已婚的单身汉。正方形必定不是圆的，单身汉必定是未婚的。必定发生的事情被称为必然性（necessity）。如果你扔出一块石头，它必然落下来。如果一个数字是偶数，它必定可以被 2 整除。

既然你和你的科学家团队仅仅观察到实际上发生的事情，你就永远也不会观察到本来可能发生的事情。在某种意义上说，既然必定会发生的事情确实会发生，那么你将会观察到必然性。但是，你不会观察到它们是必然的，只会观察到它们是现实的。苏格兰哲学家大卫·休谟在 18 世纪就指出了这一点。扔出一块石头，你就会看到它落下来，但你不会看到它落下的必然性；你不会看到它必定会落下来。一次又一次地扔出石头，你会看到它们每次都落下来，但你永远不会观察到除了这个规则性（regularity）——一个重复模式——之外的任何东西。

可能性与必然性相互关联。说某种东西是可能的，就是在说它的不发生不是必然的。独角兽是可能的，因为它们的不存在不是必然的。说某种东西是必然的，就是说它不可能不发生。所有的单身汉都是未婚的，这是必然的，因为已婚的单身汉是不可能的。事实上，必然和可能是同一事物的两面。

在哲学上，必然性和可能性令人困惑不已。一方面，如果我们从来没有观察到可能与必然，我们是如何知道它们的？这就是我们已知的作为哲学分支的认识论，即关于知识的理论所讨论的问题之一。即便在形而上学领域，必然性与可能性也让我们伤透了脑筋。当某种事情必然或可能发生的时候，这是一种什么样的事实？一个实际的事件，例如石头的落下，是很容易理解的。世界包含时空中各种各样的物体，如石头。而这些物体被包含在如石头落下来这些特定的事件中。但什么样的事实是可能性？除了我们观察到的实际事件，还存在一个不能观察到的幽灵般的可能事件和物体所在的领域吗？还存在一个幽灵般的出现两个一的骰子，一个幽灵般的德国军队获胜事件，一个幽灵般的独角兽和10英尺的人吗？我们很难相信这些幽灵般的实体的存在。（而且即使它们确实存在，为何它们会被算作可能性？与其将事情弄成独角兽是可能的，不如说一个幽灵般的独角兽的存在恰恰意味着幽灵般的物体是现实的。）另一方面，如果可能性不是幽灵般的实体，那它们是什么？

必然性也是令人困惑的。必然的事情是必定发生的事情。"必定"（must）的言下之意是法则（rules）。但是，是谁制定了这些法则，又是谁强加了这些法则？另一方面，如果法则构想是错误的，那什么是必定呢？想想"所有单身汉都是未婚的"这个为真的句子。我们很容易看出这个句子为何为真：它的真是由于物理世界的特定事实。世界包含了特定的物体（单身汉），而每一个单身汉都有一个特定的属性（是未婚的）。但是，我们的句子不是仅仅碰巧为真。它是必然为真的；单身汉必定是未婚的。因此，一定存在在物理世界之上的某种东西，它使我们的句子从一个单纯的事实变成一个必然真理，将纯粹的"是"（is）变成"必定"（must）。这个"某种东西"是什么呢？

让我们从把握十分微妙的词语"可能的"和"必然的"[以及与之相关的词语"或许"（might）、"也许"（may）、"能够"（could）和"必定"等]开始思考这个问题。这些词语用来表示不同的意思。有时候，"可能的"涉及我们关于世界的知识，而不是世界自身。我曾经问一个朋友："蒙特利尔博览会队（Montreal Expos）获得过世界锦标赛（World Series）的冠军吗？"而他却回答说："有可能；我不是个足球迷。"我的朋友的回答仅仅是想要表达他对这件事的无知，即他不知道蒙特利尔博览会队是否赢过。(他的回答传递出比他想要表达的更多的无知。[1])从形而上学的观点来看，这些认知上的"可能"和"必定"并不是很令人困惑。它们涉及的是人类的知识，是世界实际发生的事件的一部分。而在其他时候，"也许"和"必定"与道德相关。说你一定不要谋杀就是说谋杀在道德上是错误的。与认知上的"可能"与"必定"不同，道德上的"可能"和"必定"提出了有趣的形而上学问题。在实际事件发生的世界中，道德位于何处？道德仅仅是社会的一个功能吗？还是说道德领域超越了人类的实践？如果是后者，道德包含了什么呢？

尽管这些认知问题和道德问题令人十分着迷，让我们还是把注意力集中到"可能的"和"必然的"形而上学用法上。即便是这样，这些微妙的词语也会意味着不同的东西。本章的其余部分将会集中讨论可能性与必然性的两个形而上学类型：自然的和绝对的。

---

[1] 蒙特利尔博览会队是职业棒球队。——译者注

自然的可能性与必然性

自然的（natural）可能性与必然性涉及自然规律（laws of nature）。当我们扔一块石头时，它必定落下来。燃烧的甲烷和氧气必定会反应生成二氧化碳和水。任何有特定 DNA 的人必定有蓝色的眼睛。自然规律，包括物理学规律、化学规律和生物学规律（或许还有其他学科的规律）支配物理世界，它们确保石头、化学品和 DNA 的特定运行状态。这些规律表明特定的结果必定发生；那些结果是自然地必然的。

科学家试图发现自然规律，那是他们的工作。物理学家寻找物理学规律，化学家寻找化学规律，生物学家寻找生物学规律。寻找规律有实用性的一面：理解自然让我们更能控制自然，也更能控制我们的生活。但它也有其纯智性的一面。如果你有机会采访上帝，有机会问问他关于世界的真理，你不会想让他仅仅列出所有实际上发生的事情。你也会想知道为何特定的事件伴随着其他事件发生，是什么原则支配了历史的进展。

我用"自然规律"表示的是真实的自然规律，它是相对于科学家在任何特定的时期相信的规律来说的。科学家曾经认为物理学规律允许超光速的旅行。这只是一个错误（尽管在那时是个完美的可以理解的错误）。超光速旅行被自然规律所禁止，也一直都被自然规律所禁止（如果今天的物理学家正确地理解了它的话！）。

只是，什么是自然规律？别对"规律"这个词太较真。自然规律与我们制定的管理社会的法律完全不同。有很少的人违反社会的法律，但没有事物可以违背自然规律；没有一个离经叛道的石头仅仅为了赌气在被扔出时飞向空中。还有，与社会的法律不同，自然规律没有立法者。没有一个人或一些人立法让扔出的石头落下来。并不是每块石头都带着一本它要查阅的规则小手册。"好吧，我已经被扔出来了；我必须做什么？让我们看看《石头行为准则》第 39 页第二段。是的，就是这个：'当被扔出时，落下来！'好吧，那么，我落下来！"这听起来很蠢。

或者，它是被立法的？有人也许会回应说自然规律是被上帝制定的。这个自然规律理论有一个很重大的预设，即上帝存在。但是，即使承认上帝存在这个预设，神命论（divine legislation theory）也是有问题的，因为上帝也为很多不是自然规律的东西立法。设想北美现在树木的棵数为奇数。这并不是自然地必然的；没有自然规律保证它是奇数。它仅仅就那样发生了。但如果存在上帝，他对北美树木数量的控制与对其他任何事物的控制就是一样的。因此，我们不能将自然规律规定为上帝立法的某种东西。当上帝创造世界时，与他说"让2005年北美的树木数量是奇数"时相比，他在说"让扔出去的石头落下来"时，他必定还做了某些额外的事情。他必定做了某些额外的事情使得第二个事件而不是第一个事件成为自然规律。神命论没有给我们关于这个额外的事情是什么的任何线索。

一个更好的理论是规则理论（regularity theory）。根据规则理论，自然规律仅仅是规则，也就是说，它仅仅是世界上所有时空中都有效的模式。扔出的石头会落下来，这仅仅是因为所有扔出的石头（这里和所有的地方，过去、现在和未来）实际上都落下来。不需要更多的东西，因为这就是一个规律的全部———一个规则。

规则理论进行的大胆尝试有一个很重要的方面：它将规律去神秘化（demystify）了。如果规律仅仅是实际发生的事件中的模式，那就不需要一本规则小册子，也不需要立法的上帝来解释规律。回想一下，你和你的正在观察世界的科学家团队。如果规则理论是真的，倘若你能真正具有无限的时间和资源，从而能观察到所有的时间和地点，那么你就真的能观察到自然规律。

但规则理论在很多方面都与我们日常的规律概念矛盾。第一，说规律仅仅是规则似乎遗漏了规律的必然性。不管被扔出并正落下的石头的规则模式如何始终如一，不管它能持续多久，它如何使扔出的石头必定落下来？

第二，考虑一下所有扔出的石头都落下来这个规则。为何所有扔出的石头总是落下来？我们对此有何解释？根据我们的日常概念，由于扔出的石头必定落下来这个规律，这个规则才是有效的。规律使规则为真。但如果规律就是规则，规律就既不能解释规则也不能使它为真。

第三，规则理论使得自然规律的范围过于全局化（global）。既然规律就是支配一切的模式，那么规律就延伸到所有的时间和空间中。与此相比，我们通常认为自然必然性是比较局部性的（local）。当扔出的石头落下来时，它必定落下的事实仅仅关涉这块石头与周围的环境，而与所有时空中的全部石头无关。

这三个问题表明了规则理论与我们日常的自然规律概念是如何产生冲突的。规则理论的拥护者也许干脆会以抛弃我们日常概念的方式进行回应。或许日常的规律概念来自一种错误的构想，这种构想将自然规律与社会的法律相类比，或者将自然规律类比为所有石头和物理对象都随身携带用以指导自己行为的规则小册子。

但是，规则理论还存在具有毁灭性的第四个问题：一些规则明显不是自然规律。这里有两个例子。首先来看第一个例子。我们让 N 是曾经参加过周四单身晚宴人数的最大数。那么下面就是一个规则：参加每个周四晚宴的人数都是 N 或者少于 N。如果规则理论是真的，那么"参加每个周四晚宴的人数都是 N 或者少于 N"就是一条自然规律。但很明显，这是错误的。假设 N 是 15，很明显，曾经参加过周四晚宴的人数不超过 15 人，这仅仅是一个偶然事件。没有自然规律禁止 16 人参加周四的晚宴；更大规模的晚宴很可能发生过。像这样的规则仅仅是巧合。第二个例子：设想我恰好重 160.35714 磅（72.7367752 千克），身高正好是 68.56865 英寸（174.164371 厘米），而在过去、现在和未来都没有其他人刚好也是这个身高和体重。（如果由于奇迹有这样的人存在，那么可以肯定的是，这个人右手的食指和中指上没有像我那样的胎记。那么我们可以在身高和体重外再加上这些关于胎记的信息，这样就会形成一个唯一的属于我的特征。）让我再告诉你一件关于我自己的事情：我最喜欢的篮球动作是跳投。（假装向右，左右手交换运球到左边，站住并"嗖"的一声把球投出去，每次都这样。）所以，这里存在一个规则：每个体重恰好 160.35714 磅、身高正好是 68.56865 英寸的人,最喜欢的篮球动作都是跳投。既然在所有的历史中,我是仅有的刚好拥有这个身高和体重的人,那么历史上的每个拥有这个身高和体重的人都喜欢跳投就是真的。然而,很明显的是,即使这是一个无例外的规则,它也无任何自然规律可言。我对跳投的喜爱与我的身高和体重没有任何关系。相反,我本来可能喜欢的篮球动作是不看人传球。

规则理论的辩护者会努力修正他们的理论以避免将任何规则都算作规律。但是,我们不对理论进行修补,让我们转而仔细考虑一种非常不同的理论。根据共相理论,自然规律来自共相之间的关联。[1] 首先,什么是共相?共相就是相似事物之间的共同之处。例如,"白色的"(white)这个共相是被所有白色的事物所共享的东西;"质量为 1 克"(1 gram mass)这个共相被任何质量为 1 克的事物所共享。各种白色的例子就是所有各不相同的白色的物体——白纸、白衬衣等。"白色的"这个共相是所有这些例子共同具有的单一实体。

现在来看看关于规律的共相理论。仔细思考一下下面的化学规律:甲烷和氧气反应可产生二氧化碳和水。从直觉来看,

---

[1] 第八章讨论了关于共相的许多重要问题,包括一些关于规律的共相理论所做出的关于共相的设想。

这个规律不仅仅是甲烷和氧气总是会反应并产生二氧化碳和水这个规则。共相论者在关于甲烷、氧气、二氧化碳和水的共相的事实中设置了一点额外的东西：这些共相彼此之间以这种方式相互关联，即任何前两者的实例都反应产生后两者的实例。简言之，甲烷和氧气的共相强制（necessitate）二氧化碳和水的共相同时出现。

这个理论避免了困扰规则理论的四个麻烦。即使每个体重正好是 160.35714 磅、身高正好是 68.56865 英寸的人都喜欢投跳投，共相论者可以说，这不是一个规律，因为体重 160.35714 磅和身高 68.56865 英寸这两个共相并不强制喜欢跳投这个共相同时出现。规则并不意味着强制性（necessitation）。因此，并非所有的规则都最终表明是规律。这很不错；共相理论解决了规则理论的第四个问题。规律最终被证明是局部性的而不是全局化的，这也很不错。根据共相理论，规律就是包含共相的事实，而不是关于所有时空之物的。在一个特定的时空中，当甲烷与氧气混合产生二氧化碳和水时，甲烷和氧气的共相就在彼时彼地，它们必然产生出二氧化碳和水的共相，二氧化碳和水的共相也在彼时彼地。没有其他的时间和空间被包含进来。第三个问题也解决了。共相论者的规律能解释规则，这很不错。与规则理论不同，共相理论并没有说规律和规则是一回事。而尽管规则不意味着强制性，强制性（即规律）确实意味着规则。如果共相 U 必然产生共相 V，那么所有的 Us 都必定是 Vs。因此，共相论者可以说，U 强制 V 共同出现解释了所有的 Us 都是 Vs 这个规则，因此它解决了第二个问题。最终，既然共相论者的规律不仅仅是规则，在直觉上，它们就似乎比规则论者的规律更加必然。第一个问题也就解决了。

但是，要记住规则理论的所有意义：将规律去神秘化。而共相理论向退回神秘化迈出了一大步。因为强制性概念是神秘的。说甲烷和氧气"强制"二氧化碳和水产生是什么意思？这些共相论者随身携带着规则小册子吗？在前面，我是这样描述甲烷、氧气、二氧化碳和水之间的强制性的："这些共相彼此之间以这种方式相互关联，即任何前两者的实例都反应产生后两者的实例。"从表面上看，这是一个很好的解释，但实际上却不是。它仅仅重述了我们想要解释的事实：甲烷和氧气反应产生二氧化碳和水。对于我们提出的问题，即关于这些共相之间的关系如何确切地产生规则这个问题，它未给出任何回答。一位同事曾经给过我一个类似的虚假解释。当我问他一个消声手枪是如何运作的时，他回答说，"这把枪的构成使声波跑不出去。"

自然规律问题是个难题。一方面，通过将规律变成日常世界事件的一部分，我们将规律变成规则，去除了规律的神秘性；另一方面，由于我们通常是用日常的规律概念对规则进行局部性解释，因此将规律变成规则的做法与我们日常的规律概念不一致。很难知道应该怎么思考这个问题。

绝对的可能性与必然性

关于这个摇摆不定的问题，现在让我们转入第二种形而上学类型的可能性与必然性：绝对的可能性与必然性。回想一下我们最初关于必然性的两个例子：如果你扔出一块石头，它必定落下来；以及，任何单身汉都必定是未婚的。这两个例子实际上彼此之间差异很大。除了指出必然性无法被观察到，大卫·休谟也指出，自然规律的例外也是可以想象的。我们很容易想象一块扔出的石头在空中盘旋，或上升，或转向美国著名歌手巴瑞·曼尼洛（Barry Manilow），但尽你所有可能去试，你也不能想象一个已婚的单身汉，因为根据定义，单身汉是未婚的。与扔出的石头会落下这个事实相比，单身汉是未婚的这个事实的必然性比前者要强。

我可以想象，在一个世界中，落下来的物体变成粉红色，甲烷和氧气混合产生佳得乐（Gatorade）饮料，眼睛的颜色取决于出生的日期。因为这些事件违反了实际的自然规律，所以它们都不是自然可能的。但是，因为自然规律本身本可能是不同的，所以它们在另一种意义上是可能的，也就是说，这些事件是绝对可能的。

绝对可能性就是词语"可能的"最广义的含义。独角兽、飞猪和违反自然规律都是绝对可能的。什么不是绝对可能的呢？最明显的例子就是一些前后矛盾的短语：未婚的单身汉、圆的正方形、比自己高的人、既下雨又不下雨的那一天与里面装有某物的空盒子。

绝对可能性是最广义类型的可能性，这就是说，某事物是绝对可能的是很容易的。例如，甚至违反自然规律也是绝对可能的。与之相反的是，绝对必然性是最狭义类型的必然性；换句话说，某事物成为绝对必然的是很困难的。像当石头被扔出落下来这件事情一样，许多自然必然的事情都不是绝对必然的。唯一绝对必然的就是那些其假是绝对不可能的事情。所有单身汉都是未婚的，以及如果正在下雨那么正在下雨，这些事情是绝对必然的。

绝对必然性与绝对可能性是哲学自身必不可少的一部分。哲学最与众不同的特征之一，就是它探究本质。而某事物的本质就是它的绝对必然为真之处。在伦理学中，人们寻求正确和错误的本质；人们寻求正确和错误是什么的理论。这意味着发现一个绝对必然为真的关于正确与错误的理论。发现一个有用的关于正确与错误的指南、一个在大部分时间都是正确的指南是不够的。因为，如果指南曾经给过错误的建议——甚至，如果对它来说，给出错误建议是绝对可能的——那么它就不能抓住正确与错误的本质，因此它就是一个不能让人接受的哲学理论。另一个例子是，在我们研究人格同一性时，我们曾试图揭露人格同一性的本质——在时间中持存的东西的本质。为此，我们就需要一个必然为真的陈述。因此，想象那些记忆被邪恶的科学家互换的思想实验是很合适的。即使这些奇异的事件从未实际发生过，它们也许本来会在特定的奇异的环境中发生。一个好的关于人格同一性本质的理论也应该能正确地应用在那些环境中。如果时空连续性理论是真的，那么，当且仅当一个人保持了时空连续性，那么这个人在时间中的持存才是绝对必然的。

鉴于绝对可能性是广泛的，去神秘化的需要就变得极为迫切。没有人相信，许多各种各样的绝对可能性以幽灵的形式飘浮在我们平凡的时空世界中！因此，何为绝对的可能性呢？

一个激动人心的观点是，它们是可能世界（possible

worlds）。让我们想象几个可能世界。世界 1：在其中，历史与实际相差无几，但德国在第二次世界大战中战胜了。世界 2：一个只有一块单个的石头存在的世界，只有它单独待在那里，而且永存不朽。世界 3：一个与我们的世界十分相似的世界，除了每隔五天，在美国东部时间半夜 12 点的时候，每个人都聚集起来唱巴瑞·曼尼洛的歌曲《科帕卡巴纳》（"Copacabana"）。世界 4：一个地心引力以相反的方向起作用的世界，因此有质量的物体不是相互吸引而是相互排斥。简言之，每个本来可能会发生的完整的可选历史都是一个可能世界。仅有的不包含在可能世界中的事物就是圆的正方形、已婚的单身汉和与之类似的绝对不可能的事物。

显然，飞猪和午夜聚集唱《科帕卡巴纳》在我们所经验的物理世界中不存在。但据 20 世纪美国哲学家大卫·刘易斯（David Lewis）所言，它们还是存在的——在其他可能世界中存在。图 9.1 是根据刘易斯的理论画出的一张图。圆圈代表不同的可能世界。这些其他的可能世界与遥远的行星不同。水星、金星、火星和其他行星都在我们的可能世界中。可能世界完全彼此分离：每个都有其自己的时空和自己的物体（因此，很抱歉，你不能到另一个可能世界中旅行）。我们的世界，现实世界，仅仅是众多世界之一。其他的世界与我们的世界同样真实。一个刘易斯式的可能世界就是一个相互分离的、独立的时空领域。

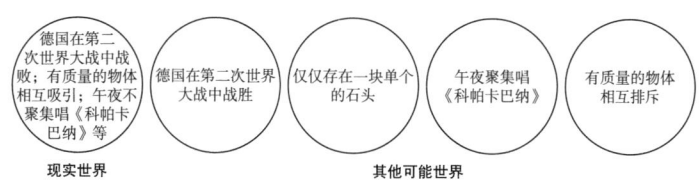

图 9.1　大卫·刘易斯的现实世界与可能世界

如果存在刘易斯式的可能世界，那么我们就可以定义绝对的可能性和必然性。如果某事物在每个可能世界中都是真的，那么它就是绝对必然的；如果某事物在一些可能世界中是真的，那么它就是绝对可能的。

刘易斯理论最出色的地方在于，它彻底将绝对的必然性和可能性去神秘化了。对刘易斯来说，幽灵般的可能性是没有用的。他首先将飞猪和其他可能性限制在了它们自己的可能世界之中，因此它们不充斥于我们的世界；然后他通过声称它们与我们世界中的物体同样真实，清除了它们幽灵般的存在状态。可能的飞猪与我们自己世界中真实的猪一样真实，一样不是幽灵般的存在；仅有的差异是，它们在那里（在它们的可能世界中），而我们的猪在这里。

但是，这样做的代价是相信飞猪和午夜聚集唱《科帕卡巴纳》存在，相信有质量的物体相互排斥！总体上说，除非有肯定的支持理由，否则我们去相信这些事情是很不理性的。这就是成年人不相信牙仙或圣诞老人存在的原因。因此，除非刘易斯给我们相信这些的原因，否则我们就要拒绝他的可能世界。

实际上，刘易斯说，我们确实有理由相信其可能世界：只有相信它们，我们才能将必然性与可能性去神秘化。从个人角度来讲，我发现，自己很难出于那样的理论性原因而相信飞猪存在。尽管如此，刘易斯的理论有它的道理：有时，我们出于理论性的原因而假设事物存在的做法是合理的。在某种意义上，没有任何人曾经直接观察到一个电子。为了解释其所做的实验的结果，物理学家假定电子存在。但是，将必然性与可能性去神秘化可能不是相信刘易斯的可能世界的一个强有力的理由。

如果有人能在不提出刘易斯的可能世界的情况下将可能性与必然性去神秘化，那么这个问题就会还有讨论的余地。约定论（conventionalism）就试图做到这一点，它是我们解释必然性和可能性的另一种可选的理论。约定论认为，所有绝对的必然性都是根据定义而为真的。说英语的人确定了一个约定，即用词语"单身汉"来指称那些未婚的男人。根据这个约定，我们得出"所有的单身汉都是未婚的"是真的。同样，根据我们给予短语"比……高""或者……或者"和"不是"的含义，得出句子"没有人比他自己高"和"或者下雨或者不下雨"是真的。根据约定论，如果某事物是根据定义而为真的，那么它就是绝对必然的；如果它不是根据定义而为真的，那么它就是绝对可能的。（约定论仅仅想作为绝对必然性理论，而不想成为自然必然性理论。很明显，自然规律不是根据定义而为真的！）

通过将必然性与可能性转变成定义问题，约定论以一种大张旗鼓的方式去除了可能性与必然性的神秘化。很明显，我们如何定义词语是自然世界的一部分，不需要可能世界或幽灵般的可能性的存在！

但所有的必然性真的是根据定义而为真的吗？在此，有一个成问题的例子。仔细考虑一下比尔·克林顿（Bill Clinton）。克林顿也许本来可以多种方式与现在不同。如果事情按照其他的方式发展，他本可能永远都不会被弹劾。实际上，他本可以永远不会成为总统；他本可以在1992年的总统大选中失败，或者甚至他本可以从未涉足政界。他本可以比现在矮得多，或者高得多。他本可以生活在一个不同的国家。他本可以长着铁蓝色的头发。但是现在，他本来会是一朵花吗？我们当然可以设想一个古怪的人将一朵花叫作"比尔·克林顿"。但问题并不是一朵花本来能否被叫作"比尔·克林顿"。问题是，一朵花是否本可以是比尔·克林顿。就我们实际上称为比尔·克林顿的人而言（即真实的美国第 42 任总统），他本可以是一朵花吗？而答案似乎是否定的。当我们还把一个变化的实体算作同一个实体时，我们对它可以想象的变化是有界限的。我可以设想克林顿更高一点，居住在不同的国家，或者有不同的职业，我们不能想象他是一朵花。任何一朵花都不会是他。同样，克林顿似乎也不会本来是一张桌子或一只羚羊。[1] 简言之，克林顿除了本来是一个人，不会是其他任何东西。也就是说，克林顿是一个人是一个绝对必然的真理。但句子"克林顿是一个人"似乎并不是根据定义而为真的，因为与本身具有定义的"单身汉"（未婚的男人）这个词语不同，"比尔·克林顿"这个名字没有定义。它仅仅代表比尔·克林顿。我们都知道比尔·克林顿是一个人，但是它并没有根据定义成为名字"比尔·克林顿"含义一部分的。

约定论的第二个成问题的例子中包含了哲学上的探究。正如我们前面指出的，哲学研究概念的本质，因此它研究什么是绝对必然的。伦理学家寻求正确和错误的本质。美学家寻求美

---

[1] 在某种程度上，这些关于可能的变化的限制有点像第一章所讨论的限制，即一个人在时间中经历什么变化并依然保持是同一个人的限制。

的本质。知识论者寻求知识的本质。形而上学家寻求人格同一性、自由意志、时间等的本质。根据约定论，这些研究最终都与定义相关。似乎我们可以得出这样的结论：人们仅通过翻阅词典就可以解决任何哲学争端！任何有过思考哲学问题经历的人都明白，事情决不是那么简单。

约定论者或许会通过采用"根据定义而为真"的一个新的定义，一个不局限于词典的定义来对此做出回应。毕竟，词典不是含义的来源；它们将事先存在的词语用法的样式记录下来。对这种回应进行评价自身就可以占用一整本书的篇幅。不仅仅必然性成问题，在这里，许多情形都危险重重。如果约定论是真的，那么哲学只不过是对我们人类赋予词语的含义的追问。通过将必然性去神秘化，约定论去除了哲学本身的神秘性。约定论者一般都颇为坦率：他们想要降低哲学的重要性。但是，他们的哲学构想与传统的哲学理想相去甚远。

拓展阅读

以下两部著作讨论了自然规律。大卫·休谟的著作是研究自然规律问题（以及与之相关的因果性的本质问题）的经典文献资源，尤其是第七部分，为规则理论进行了辩护。大卫·阿姆斯特朗的著作批判了规律的规则理论，为共相理论辩护，从总体上来看，十分具有可读性。

大卫·休谟（David Hume），《人类理解研究》（*An Enquiry Concerning Human Understanding*，1748）。

大卫·阿姆斯特朗（David Armstrong），《何为自然规律？》（*What is a Law of Nature?*，Cambridge University Press，1983）。

以下两部著作讨论了绝对的必然性。A. J. 艾耶尔的著作，特别是第四章，为约定论进行了辩护。大卫·刘易斯的著作，为可能性与必然性的可能世界理论进行了辩护。尽管内容丰富、引人入胜，但这部著作十分专业，不易读懂。

A. J. 艾耶尔（A. J. Ayer），《语言、真理与逻辑》（*Language, Truth and Logic*，2nd edn，Dover，1952）。

大卫·刘易斯（David Lewis），《论世界的多元性》（*On the Plurality of Worlds*，Blackwell，1986）。

第十章

伦理形而上学

对 与 错

监护人

汤姆很失望,他没有得到自己想要的工作。他的监护人凯茜注意到了他的情绪,她试图尽力让他拥有一个积极的视角。凯茜这么做是出于同情,她并没有想得到什么回报。而她的安慰使汤姆看到了希望,不然他就会沉浸在沮丧中。

这是凯茜做的一件好事,它在道德上是对的。

教练

莫特是一个不太受欢迎也很不自信的学生。在体育课上,柯特教练嘲笑了莫特的运球技术,莫特觉得很丢脸。柯特这么做纯粹是为了博得看台上其他队员一笑。

柯特的做法很残忍，它在道德上是错的。

我们应该赞同像这样的道德判断。但是，难道它们不是对传统道德界定的机械模仿吗？在此，我们很难看到任何可能存在的真的事实。难道道德判断不是主观的吗？

这并不是那么清楚。事实上，或许不可能不存在道德事实。设想罗杰相信至少某些时候吃肉在道德上是允许的，而拉尔夫相信吃肉在道德上永远都是不被允许的。这些选择似乎是穷尽的；它们似乎包含了所有的可能性。但是，我们必须坚持某种可能性。因此，似乎其中一种信念是真的。一种真的道德信念是一种事实性的道德信念；也就是说，是对一个道德事实的信念。现在看来，似乎道德事实必须存在。

还存在另外一些支持道德事实的理由。如果没有道德事实，那么最有根据的道德评价也会很不可思议地是错的。在"监护人"的案例中，最终凯茜就会没有做对的事情；而在"教练"的案例中，最终柯特也没有做任何错的事情。什么会让这些评价不为真呢？凯茜去做她做的那些事肯定是很替人着想、很有帮助的。但为何那不足以使它是对的？柯特的做法肯定是小题大做、十分残忍的,为何那不足以使它是错的呢?

如果事情实际上真的有对与错,我们就很难坚持说像这些评价的基础是不充分的。但是,或许道德仅仅是一个社会上强制性的要求,它并不描述真实世界中的任何事情。可能会是什么让一个道德评价是客观上正确的?如果我们认为,我们的道德判断是关于人及其行为的真正的真理,那么对于这个问题,我们最好给出一个好的回答。

虽然道德实在的本质对我们来说或许是模糊的,但我们注意到主观主义的一方也有其问题。首先,如果我们严肃地对待这个问题,那么很可能否定道德事实的做法就是令人难以置信的。无疑,我们可以弄虚作假,我们可以对自己说,"没有什么事情真的是对的或是错的。"但是,当事情对我们很重要时,我们还是相信客观上的对与错。为了相信这一点,我们需要做的,就是回想一下我们所爱的人被刻薄地对待的时刻。我们不得不承认说,"那是错的。"这对我们来说似乎与其他任何事实一样都是真的。至少,它对我来说是这样的,而我确信对你来说也是一样的。

最终,尽管如此,或许拒绝放弃道德信念是我们的问题所在。或许这种拒绝仅仅是习惯的产物:我们先前获得了道德价值,我们经常被鼓励进行道德上的评价,而这种进行道德说教的倾向一直存在于我们身上。但是，现在我们对它没有合理的辩护。如果是这样，那么我们对道德持续不变的信念并不能让我们有很好的理由相信道德事实存在。尽管如此，在接受这个结论之前，我们可以寻找一种方式，来对"道德评价有时是对的"这个我们几乎不可抗拒的想法进行辩护。

这里有一个关于这些道德判断的基本形而上学问题：什么是对的或错的？是否存在一些道德评价正确描述的实在的一个方面？如果是，那么它是什么？如果不是，那么我们在进行道德说教时是在说什么？

实 在 论

我们寻求道德真理的事实根据。我们可以试着将一个关于一般真理的很有吸引力的观念应用于道德判断。这个观念很容易理解。一个将某事物归于某类的判断是真的，当且仅当这个判断被那类事物存在的某种方式所支持。例如，出现凹痕被正确地归类为汽车事故的结果，因为事故的一个后果是汽车以新的方式即部分被改变形状（出现凹痕）的方式存在。头疼被正确地归类为该事故的一个后果，因为事故的后果之一是某人感受到一种新的心理状态,即他的头很疼。这些事物的存在方式就是事物具有的属性。做出道德判断就是对道德属性(moral property)[1]进行归类。在"监护人"的案例中,凯茜对汤姆的安慰行为具有道德上正确的属性,这就是我们为什么说它是对的。在"教练"的案例中,柯特嘲笑莫特的行为具有道德上错误的属性,这就是"这个行为是错的"这个说法为真的原因。总之,道德评价是关于某些行为和人真正具有的真实属性的评价。这种对道德的形而上学的理解在哲学圈中被看作道德实在论(moral realism),因为它声称,存在真正的道德事实与道德属性。说它也是实在论是因为它不包含幻想吗?下面我们来看一下。

实在论困境

这些所谓的道德属性是什么?它们不像我们熟悉的自然世界的属性。自然包括类星体、夸克、震动和恶心。即使我们扩展这个清单,对行为的评价,例如是对的或是错的,也不属于这个清单。道德评价与物理属性,例如质量和电荷,或生物属

---

[1] 关于此方面的更多内容请参见第八章"共相"。

性,例如是活的和有胆囊,或者心理属性,例如讨厌香菜的味道或想要小憩一下,完全不同。它们不是事物能存在于其中的可测量状态。下面的穿着白大褂的医疗技术人员的报告不可能会是真的:"当柯特教练在嘲笑莫特时,我们用我们的道德检测仪监测他的道德规范行为。的的确确,这种嘲笑在道德上是错误的。"即使穿着正式的白大褂也不会使这份报告可信。没有什么"道德检测仪"。对与错不是可以用仪器来检测的可量化品质。

自然主义

也许我们刚才太快得出结论了。也许把所有的心理属性都看作与道德评价完全分离的东西过于仓促。一些情绪反应与做出道德判断密切相关。当我们想到"监护人"案例中凯茜体贴的善良行为时,我们感觉很赞同。当我们考虑"教练"案例中柯特教练的嘲笑时,我们感到很反感。一般来说,我们对在道德上肯定的事情表示赞同,对在道德上否定的事情表示不赞同。也许关于这些感觉的一些东西是道德评价的决定性因素。

道德和不道德行为不一定要获得任何人情感上的反应才能

存在。也许道德的对与错来自引起诸如赞同或不赞同等感觉的行为倾向。换句话说，也许引起一些我们赞同感觉的倾向是道德正确的真正本质，而引起一些我们不赞同感觉的倾向是道德错误的真正本质。

这种观点应用了自然主义（naturalism）理论。它将对与错"自然化"了。也就是说，以将感觉的倾向和道德画等号回答了这个问题，即在自然世界中的何处存在是使道德分类正确的条件。这个观点告诉我们，这些条件一部分在行为中，一部分在我们中。它们就是引起特定情感反应的倾向。这些倾向就像我们吃糖时倾向于产生甜的味道的感觉和当我们听巨大的响声时会产生不舒服的感觉一样，都同样是自然的一部分。

自然主义困境

这种自然主义的路径有其自己的倾向。它很容易招致反对意见。有两种是哲学中的经典反对意见。在我们讨论它们之前，我们先来看一下两个导致自然主义面临困境的初步问题。

首先，谁的感觉算数？是不是每一个考虑一种行为的人都必须要感觉到它的特殊之处？如果是这样，那么它就根本不会发生。厌恶人类者对人类做的一些最好的事情也不会感到喜欢。反社会者对他们自己做出的一些最坏的事情也不会表示不赞同。

这看起来似乎是很微不足道的问题。为什么不只考虑大部分人的反应而不考虑这些异常的人？

只考虑大多数人也会存在问题。问题来自那些本来可能占多数的人。自然主义应该告诉我们什么是真正的对与错。如果它告诉我们了，那么它就涵盖了所有的可能性。然而，"大多数人"的种群可能本来是被恶意操纵的。一种邪恶的遗传改良剂可以改变未来种群的遗传组成。假设这些被改变的人最终成为大多数存在的人。他们的改变使他们赞同最糟糕的事情。如果大多数人的感觉是重要的，那么这个理论意味着，恶意的多数人的感觉将会使最糟糕的事情是对的。这是错的。

一个理想的方案？

有人提出了以下这种解决问题的方案。如果一个人有最佳的能力来做出明确的反应，我们可以称他为理想观察者（ideal observer）。我们可以尝试从感觉的角度来解释道德评价，无论是赞成的还是反对的感觉，如果一个理想观察者存在，他就会通过这些感觉做出反应。但在自然世界里，什么是"理想的"

观察者？自然主义希望一些心理属性能完成这项工作。

如果真的要用理想观察者的感觉来定义道德，那么他就必须完全告诉我们他的感觉。不能有事实上的遗漏或错误。为了确保这一点，一个理想观察者必须是无所不知的。他必须排除所有偏见和自私自利的偏袒。为了确保这一点，一个理想观察者必须有一个完全不偏不倚的视角。

一个理想观察者需要具有一些更进一步的心理特征。无所不知和不偏不倚不能保证让任何感觉必然产生。根据这个理论，是一个理想观察者的感觉使事物在道德上是好的或是坏的、是对的或是错的。因此，如果一个理想观察者什么也感觉不到，那么这个理论就不会把任何事情算作好的或坏的、对的或错的。这不是向我们展示道德在自然中的位置，而将是放弃道德。如果理想观察者有感觉，但处于情感上的烦扰中，那么这种感觉就会被扭曲，而不是确定的。此外，情绪化的嗜好不能算数。味觉是情感上的倾向；但这一理论必须排除所有这些不相干因素。一个理想观察者不能通过成为花椰菜鉴赏家或榛子厌恶者来树立真正的道德价值。任何这样味觉上的偶然事件在道德上都将不会是决定性的。

对于一个理想观察者来说，剩下的最好的情感构成是什么？自然主义者必须避免在指定心理要求时使用任何道德评价，它使这个问题复杂化了。为了获得自然主义者所寻求的情感反应，要求一个理想观察者是"有道德的"或"道德敏感的"，这将很有帮助。但这种要求依赖道德评价，而不是从自然属性来解释它们。

一个理想观察者的自然主义的具体规定所要求的只是对的感觉，对于这一点，并不是不清晰。即使它可以做到这一点，我们将要讨论的经典反对意见仍然适用。因此，在看到了解决自然主义初步问题的希望之后，让我们继续讨论这些反对意见。反对以下简单版本的一般自然主义思想将不会遇到什么麻烦：

> **引起态度论证（PA）**：对任何行为 A 来说，在道德上是对的，意味着在那些考虑它的人身上产生对它赞同的倾向；对于任何行为 B 来说，在道德上是错的，意味着在那些考虑它的人身上产生不赞同的倾向。

对自然主义的经典指控

引起态度论证认为，在道德上是对的与在考虑这个行为的人中引起赞同的倾向是一回事。对与倾向之间的关系应该是数量上的同一（numerical identity）。[1] 两个经典的对 PA 的反对就利用了这个事实。

经典指控一：欧梯佛洛问题

回想一下"监护人"这个案例中的凯茜。她仁慈地想方设法安慰汤姆。当我们考虑这一行为时，我们会以赞同的方式做出回应。引起这种回应的安慰是怎样的呢？是的，它是体贴的、无私的。但这只是我们理由的一部分。某人本可以体贴、无私地故意为一个冷血杀手的杀人行为提供帮助。我们不会赞同这样的做法。所以，要得到我们的赞同还涉及更多的东西。反对意见认为，整个故事中关于确保我们赞同的那一部分是，我们认为安慰是凯茜做出的对的事。实际上，反对者承认，对在获得我们的支持中起到了决定性作用。这是关键所在。

假定思考对的属性确实能够促使我们在经过考虑之后赞同一种行为。不过，当我们仔细考虑这一行为并发现我们赞同它时，我们没有考虑到别人的感觉。我们考虑了凯茜、汤姆和安慰。而他人的感觉，如果有，我们几乎从未考虑过。因此，PA

---

[1] 对此内容的更多讨论请参见第一章对"数量上相同"的讨论。

中的"是某种在所有的考虑下都引起赞同"这个属性，并未在这个考虑中起作用。然而，"是对的"这个属性是在我们心灵中的。这就有了不同——关于我们正在进行的考虑是哪种属性这个不同。这就足够了。因为任何不同都排除了它们二者在数量上的同一，而 PA 断言这些是同一个相同的属性，因此 PA 是不正确的。

这是有哲学家将之称为"欧梯佛洛问题"（Euthyphro problem）的一个版本。柏拉图的对话录《欧梯佛洛篇》（*Euthyphro*）中包含了对这种类型反对意见的最初的演绎。

同样的问题也影响了以自然条件做出其他道德评价。这里是一个对善的自然主义的认同，我们刚才已经用它来说明这个问题。它将善等同于我们自己欲求什么。

欲求论证（DD）：是善的东西就等同于它是所有人想欲求的东西。

幸福是善的。根据欲求论证，另一种陈述同样事实的方式就是，我们都欲求幸福。假定我们确实如此。我们为什么想要它？好，我们知道幸福常常是一种快乐的状态。但我们也知道一种幸福状态有时不是积极地快乐的。幸福不会一直处在一个最高点上。幸福的乐趣并不是我们想要幸福的全部原因。最终，逐渐清晰的是，至少我们很多想要幸福的人想要它是因为我们赞同这一点：总而言之，幸福是善的。这样，幸福的善就是我们欲求幸福的原因的一部分。但是，这样就不是"是所有人想欲求的东西"这个属性使我们想要它了。我们确实考虑了幸福的善，我们没有考虑欲求它的欲望是多么普遍。因此，这两个属性又一次是不同的。"是善的"这个属性起到了"是所有人想欲求的东西"这个属性没有起到的心理作用。因此，它们不是同一的。

推理基本上是这样的。假设我想要幸福，我想知道为什么想要它。我想，"因为它是善的。"我不想对自己说，"因为我们都想要它。"因此，善和我们都想要的东西不是一回事。这样，我们就已经得出结论：欲求论证是不为真的。

经典指控二：开放性问题

另一个像引起态度论证和欲求论证这样的对自然主义的反驳被称为开放性问题论证（Open Question argument）。这个论证由20世纪哲学家G. E. 摩尔（G. E. Moore）设计。欲求论证是摩尔反驳的目标之一。

下面有两个问题：

Q_1：每一个善的东西都是某个善的东西吗？

Q_2：每一个善的东西都是所有人都想要的东西吗？

欲求论证告诉我们，Q_1 和 Q_2 都在问一个属性，即善，而且它们问的是关于善这个属性的同样的东西。如果是这样，那么很明显，在英语中，这个属性是由"善"这个词引起的，同样，它也是由"所有人都想要的东西"这个短语引起的。理解它们的意义的人会想到同样的属性。

在这一点上，开放性问题论证采取了一个看似温和的步骤。开放性问题论证观察到，欲求论证意味着 Q_1 和 Q_2 对相同的属性提出了相同的问题，从这一点出发，开放性问题论证推断：如果欲求论证是正确的，那么 Q_1 所问的问题和 Q_2 所问的问题只是在措辞上有区别；在实质上，Q_1 和 Q_2 问的是同样的问题。

论证接着进行。当我们从欲求论证的断言退一步来看时，我们很清楚，Q_1 所问的问题与 Q_2 所问的问题有明显的不同。Q_1 是一个无意义的问题。每一个善的东西当然都是一个善的东西。我们没有合理地怀疑它的余地。我们可以通过把它称为"封闭性问题"（closed question）来表明 Q_1 的这种合理的空性

(rational emptiness)。

正如 Q_1 对合理的怀疑来说是封闭的一样，Q_2 对合理的怀疑是开放的。怀疑每一个善的东西是否都是所有人都想要的东西是完全合乎情理的。也许不是每个人都碰巧想到了所有的善的东西，更不用说对每个善的东西都有一些欲求了。至少，对此感到怀疑是合理的。任何对 Q_2 的回答的此类怀疑都表明，Q_2 可能是一个值得问的合理的问题。它是一个"开放性问题"(open question)。

因此，实际上，Q_1 和 Q_2 在实质上有所不同，而不仅仅是措辞上的不同。在对问题的答案进行怀疑是否合理这一点上，它们有所不同。因此，Q_1 和 Q_2 必定不是在问相同的问题。开放性问题论证认为，这就是欲求论证出错的地方。从欲求论证中推出的论点是，Q_1 和 Q_2 问的是相同的问题，它们仅仅是在措辞上有所不同。但是，我们已经看到它们问的是不同的问题：Q_1 是封闭的，而 Q_2 是开放的。这个论证得出结论说，因为欲求论证有此错误性的暗示，因此它是不为真的。

欲求论证可以被改进。我们可以对欲求论证要求的人，即那些为了某个东西是善的而想欲求某物的人慎重地划定界限。一种改进的理论将这些人限定为那些已经全面考虑过一系列话题的人，因此他们没有忽视任何善的东西。

同样类型的开放性问题论证也适用于反对这个改进的解释。怀疑改进的状态是否真的确切地把善的事物成功地挑了出来，这个怀疑依然是合理的。我们可以很容易地怀疑：对于为什么人们或许不想要像幸福这样的善的东西，难道没有合情合理的理由吗？不管怎样，为何每个人都必定有他想要的东西呢？也许有的人什么都不想要，就因为他们从来就没有考虑过这个。而且，佛教徒不就是想要不欲求任何东西吗？尽管或许他们自己也确实想要欲求所有善的东西……但为什么他们必定会有其内在冲突呢？我们现在对 Q_2 的回答进行怀疑是合乎情理的。同时，封闭的 Q_1 将会永远保持为不值得考虑的问题。开放性问题论证从两个问题的这种不同推论出欲求论证对善的确认是错的。

自然主义对善的确认怎么才能避免这一点呢？它怎么才能不引进一些新的观念，比如一个关于某种自然的东西的观念，一个不只是包含在善这个观念中的观念？如果它们所有都需要引进新的观念，那么它们自身就很容易受到开放性问题论证的批评。

对经典指控的更多思考：一个疑虑

你可能会认为这两个指控都近乎吹毛求疵，除了挑战了你的耐心之外,并没有真正威胁到任何事物。你或许认为,对措辞的细微之处的探究并不能告诉我们如对与错、善与恶这些主要的伦理评价的本质。似乎这种批判仅仅是在玩文字游戏。

尽管如此,我们也必须公正地看待这些反对意见。这是出于它们对我们自己有用的考虑。在形而上学中取得进步十分困难。我们必须充分利用我们所拥有的全部知识资源。我们了解一些词语与其含义,我们了解关于我们自己的思维态度。开放性问题论证充分利用了这一点。它的推理可能看起来有点小题大做,但似乎也十分巧妙。它确实有某些明显的效力。看起来似乎是我们的言语知识让我们有机会探寻到道德评价的本质。我们要严肃对待任何可能让我们最终取得进步的推理。如果它确实成功了,那么我们就是在用语词解决一些形而上学问题,而不仅仅是用它们来玩游戏。

非-自然主义

在对开放性问题论证进行更进一步的批判和分析之前,我们先来考虑一下它的全面成功可能意味着什么。让我们暂且假定,这个论证表明,道德评价并不是关于任何自然属性的。或许它们是关于某些其他属性的。我们怎能保证自然是实在的全部？许多道德判断看起来确实是真的。例如，就像"监护人"案例中的凯茜的行为是对的，"教练"案例中的柯特的行为是错的一样，这仍然看起来是十分明显的。我们暂时先保留道德实在论。那么，是什么使这些正确的道德判断包含了对与错属性的存在呢？新的想法是，对与错是那些行为具有的真实的属性，但是它们是非–自然（non-natural）属性。这就是 G. E. 摩尔的思想。这个想法有什么问题呢？

自然依赖

非–自然属性的想法没有什么不容置疑的错误。但它面临着困难。其中一个问题源于人们美其名曰"随附性"（supervenience）的东西。值得庆幸的是，这个术语背后的观点十分有趣，也很容易理解。

我们把随附性当作理所当然的东西。假定我们正在思考西德尼（Sidney）。我们知道她性格很好。她体贴、大方、勇敢、诚实，从不以任何方式故意伤害他人。她拥有所有这些好的心理特征，没有消极的心理特征。这告诉我们，西德尼是个好人。假设在宇宙的某个遥远的地方有一个副本地球（Duplicate

Earth），它与地球共享每一个自然特征。那里有一个副本西德尼（Duplicate Sidney）。她在所有自然特征方面都与我们的西德尼一样。这告诉我们，这个副本西德尼也是一个好人。她一定是一个好人，因为她和西德尼是完全一样的人，在善的所有方面都一样。认为西德尼是善的，而副本西德尼除了不是善的之外都与西德尼一样，这个看法将会十分愚蠢。这就是关于道德随附性的观点。把我们的西德尼看作善的，但不把副本西德尼看作善的，这将会十分荒谬。当我们看到这一点时，我们是依赖我们的西德尼的自然特征来确定她是善的。用哲学家的术语来说，我们正在依赖让一个好人的道德状况随附于（supervene on）这个人的自然特征。

每当我们看到道德上的差异时，我们就认为它源于某些人们涉及的心理上的自然差异，或者他们身体上或社会环境上的差异。因为这种行为有恶意，那种行为没有，或者这种行为是伤害性的，那种行为不是，所以这种行为是错的，那种行为不是错的，总是类似于这样。我们依赖某些自然差异来归纳出道德差异，因为我们认为某些类型的自然条件决定了道德状况。这种由人们的境况与他们的行为的道德状况的环境决定的道德不是原因与结果的关系。它比因果决定关系更具必然性。自然特征完全决定道德状况，不管是什么道德状况。似乎任何道德状况的所有例子，如善或恶、对或错、可以允许的或是被禁止的等都是如此。这就是：

道德随附性（MS）： 在任何可能的道德评价的情况下，都有某些自然条件，它们是运用道德评价的充分必要条件。

我们先暂停一下，看看能不能列举出一个道德随附性的例外情况，这是非常值得的。道德随附性断言，道德状况总是被自然条件所决定。道德随附性的例外情况可能会是这样的：两个可能的例子在每个方面，即在每个作为自然世界的部分的方面——物理上、社会上、心理上，以及每个其他的自然方式上都完全相同。某件事情在一种情况下有某些道德状况——一种行为在道德上是对的，某人是一个有道德的人，或与之类似的——然而，在自然副本的情况下，这种行为在道德上的状况并不相同。这可能发生吗？……经过仔细考虑，我们没有发现任何能让这件事情的自然副本在道德上有所不同的东西。这似乎是不可能的。我们想不出有什么例外的情况。经过进一步的仔细考虑，我们还是没有想到例外的情况。

道德随附性看起来是真的。这十分有趣。(确实！) 当我们后面谈到以情感主义闻名的观点时,情况会有所不同。而现在,对我们来说,它为我们对非-自然主义的批判做好了准备,非-自然主义即我们所说的认为道德属性是非-自然属性的观点。

道德随附性并没有直接对非-自然主义进行评价,但它向我们表明,非-自然主义创造了一种神秘。道德随附性理论告诉我们,道德评价必然由自然条件所决定。然而,假定非-自然主义是正确的,任何道德属性都不等同于任何自然属性。如果这是真的,那么为什么自然条件总是会必然决定是否存在道德属性呢?为什么道德属性不可能脱离其自然条件的支持呢?道德属性并不是紧紧胶合在自然属性上的。无论如何,像胶合这样的东西都不可能帮助我们理解这种关联。即便是最好的胶水也不必然将二者固定在一起。相比之下,道德随附性理论告诉我们,自然与道德之间的关联是绝对必然的。而非-自然主义让这个关联完全成为一种神秘,这对它来说是个不利因素。

极小可能性

如电影《星际迷航》(*Star Trek*)的粉丝们所知道的,博格人（Borg）是残酷、无情、致力于不懈入侵的一个强大群体。这些入侵者致力于占领宇宙，他们自认为正当的标语是"抵抗无效"。科学就是探究之路上的博格人，它在最终解释事物上已经取得了压倒性的胜利，并且做得越来越好。对道德属性落入到科学的领域中这个结局进行抵抗，这似乎是无效的。我们所知道的东西都不可能建立一种科学不能触及的非-自然属性的领域。但是，假如科学成功了，它的存在对我们来说可能并不是什么好事。

重返经典指控：对开放性问题的质疑

我们应该重新审视赋予非-自然主义以可信性的推理，即开放性问题论证。在论证的关键时刻，推理做出了一个可疑的推论。论证开始于一个可靠的思想，即假定自然主义者确认了欲求论证，那么"善的"这个词与"所有人都欲求的东西"这个短语就会让我们想到同样的属性。但是，该论证接下来采取了决定性的一步。它推论说，根据欲求论证，"所有人都欲求的东西"这个短语仅仅是对"善"的重述。仔细考察，我们发现，这似乎是错误的一步。它似乎忽视了这种可能性，即两个词语或许能让我们想起同样的属性，然而只是在概念上以不同的方式让我们想起的。"善的"这个词带人到我们头脑中的概念可能与"所有人都欲求的东西"这个短语给出的概念不同，即使它们是同一个属性的概念。

它一被提出来，就成为极为可信的可能性。当我们有物质种类的两种概念，即科学的概念和非科学的概念时，就确实很明显地发生了同样的事情。红宝石通常被认为是一种特定种类的红色的宝石。红宝石很少被认为是红色的氧化铝和微量的铬的结晶，但这才是让它成为红宝石的东西。科学已经发现，只要是红宝石就有这种分子构成。当人们第一次将红宝石看作红宝石时，如果有人思考过这个问题，本来可以有一个完全的"开放性问题"，即这种分子构成是不是红宝石的本质。但是，这个问题的开放性不能表明科学是错误的，它只能表明对于什么是红宝石，前科学和科学概念之间存在差异。没有明显的理由告诉我们，为什么道德属性不能同样如此——不同的概念代表的是同一个道德属性。

这是开放性问题论证做出了一个无效推理的强有力的证据。该论证从一个可靠的前提进行推理，并得出结论说，假定欲求论证是对的，那么关于善的两个问题 Q_1 与 Q_2 就必定只是在措辞上有所不同。但我们已经看到，这两个问题也可能是在概念上不同的。它们可能会让我们想起"善"的两个不同概念，即使它们都是同一个属性的概念。或许是这个不同让 Q_2 是开放性的而 Q_1 是封闭性的。如果是这样，那么开放性问题论证并没有反驳道德属性与自然属性的同一性。

新自然主义

20 世纪后期，新的伦理自然主义者利用上述驳斥来回击反对自然主义的开放性问题论证。新自然主义者也运用了另一个不错的观点，这个观点就是：有些术语应用于某物是因为它们与该事物之间有适当的因果关联。

在这些术语中，名称是最典型的代表。例如，假定我们有一个朋友名字叫"马克"。因果关联的观点认为，因为曾有人指着新出生的小马克说"我们将叫他'马克'"，所以马克现在能拥有这个名字。当我们现在用"马克"这个词指我们的朋友马克时，一系列过去对这个名字的使用通过因果关联，通过他人的心灵和他人之口，追溯到他与名字之间的首次关联。这种首次关联使所有这些对这个名字的使用都指向我们的朋友马克。

关于名称有一个疑难之处。在大部分情况下，我们用"马克"这个名字指我们的朋友马克。大多数情况下,我们用这个词时所想和所谈的仅仅是关于我们的马克的。但是,许多人的名字都是"马克",那么我们对"马克"一词的使用是怎样获得其与众不同之处的呢?

对于这个问题,因果关联的观点有一个简单的解决方案。当"马克"这个名字的特殊使用以正确的方式因果地追溯到那个名叫"马克"的人时,我们就用这个名字指向那个人。我们的"马克"仅仅追溯到我们的朋友马克。这样,问题就解决了。这样,因果关联的观点得了1分。

一般种类的术语也可以像这样来操作。一个方舟被叫作"方舟",可能是因为有人指着其中一个船说了这样的话:"我们用'方舟'来指像这样的东西吧。"这样,"方舟"一词就被指派给了这种类型的船。通过将词语"方舟"因果地联系到例子所具有的一些属性(即那个让方舟成为一个"像那样的事物"的属性)上,就会为方舟创造出一个术语。

新自然主义者(new naturalist)认为,区分伦理类别的术语,例如"善"与"恶"、"对"与"错"等是以因果的方式来指称的。作为自然主义者,他们认为,伦理学术语表示的是事物的自然种类。每个伦理学术语都通过一些适当的因果关联运用到任何具有该自然属性的事物上。

哪个自然属性是道德属性？如果新自然主义是正确的，那么，仅仅通过思考我们用伦理学术语指什么，我们不能找出这个问题的答案。这种思考不能使我们追查到处于因果链开端处的自然属性。只有研究因果链才能最终决定自然属性的本质。我们可以大致估计一下。道德评价和感觉之间有一种紧密联系，它能指引我们。一个简单的猜测是，"善"与幸福相关，"恶"与不幸福相关，"对"与促进幸福相关，"错"与增加不幸福相关。或者，或许"善"与"对"与我们想要赞同的东西相关，"恶"与"错"与我们反对的东西相关。这些都属于一些合理的猜测。

在任何情况下，从对于伦理学术语含义的了解，我们看不出伦理学术语所关联的属性的本质。因此，对于什么真正具有伦理属性这个问题，新自然主义的回答很容易让我们陷入严重的错误中，就像我们会对什么是真正的红宝石犯严重的错误一样。这似乎是真的——人们有时确实对什么是道德的犯下大错。对于什么是道德的，你也会有自己喜欢的范例，它们或许与我的范例不符。如果是这样，那么我们中就有一个人犯了这些严重的错误之一。为我们的道德判断的易错性找到基础，这是新自然主义的一个有利因素。

两个城市困境

新自然主义看起来前景很好,因此你可能会问:我们已经看到哲学家很明显反对所有的哲学观点,那么哲学家以什么来反对它呢?没错,这种看法相当公正。

这个指控可以用两个城市的故事[源自哲学家特里·霍根(Terry Horgan)和马克·蒂蒙斯(Mark Timmons)讲的一个故事]来表达。有两个城市十分相似,每个城市中的居民说的都是一种听起来几乎与英语一样的语言。只不过二者存在一个关键的社会性不同,即在城市 1 里,幸福在人们的生活中比在城市 2 里起着更加重要的作用。在城市 2 里,表示尊重与获得尊重在人们的生活中比在第一个城市人们的生活中所起的作用更加突出。这种社会性不同足以产生下面的结果,即当城市 1 中的居民运用"对"这个术语时,这个词语与应该促进幸福的行为之间有因果关联;当城市 2 中的居民使用"对"这个词语时,它与获得尊重的行为之间有因果关联。

现在,我们假定城市 1 中的一个居民罗克(Roco)与城市 2 中的一个居民罗克特(Roct)正在讨论某种可耻的行为。(为了避免沉溺于不必要的讨论中,我们不再具体指出是什么行为。)罗克与罗克特两个人都知道这种行为会促进幸福,但是不能获得尊重。罗克说,"不管怎样,那种行为都是对的。"罗克特回应说,"随你怎么说吧。我认为它是不对的。"

很明显,罗克与罗克特两人彼此并不赞同对方的观点,对此我们持一致意见。但是,如果是这样,新自然主义就错了。新自然主义告诉我们,罗克把任何促使人幸福的东西正确地称为"对的";它也告诉我们,让罗克特正确地否认一种行为是"对的"的,是那些任何不能获得尊重的东西。这种可耻的行为确实能够促进幸福,而且不能获得尊重。因此,在新自然主义者看来,他们两人说的都是真理。因此,根据新自然主义的观点,罗克和罗克特仅仅是在说不同的真理,而不是彼此不赞同对方的观点。然而,他们二人确实是有分歧的——在本段的开头,我们已经承认了这一点。因为新自然主义者错误地暗示,在罗克和罗克特的争论中不存在不一致,因此新自然主义不是真的。

情感涉入困境

从这个具体的反驳中退出来,我们可以看到道德实在论的一个普遍问题。道德实在论告诉我们,就像日常描述将属性归属于其主体一样,道德评价也将属性归属于其评价主体。这样就会产生一个普遍问题。与属性相比,道德评价与感觉、意图和劝告更紧密地纠结在一起。例如,为了正式报道出拳者伤害了被拳头击中的人这个事实,我们可能会把"用拳头痛击鼻子"这个行为描述成是"伤害性的"。这是一种对出拳者的所作所为完全漠不关心的描述。但是,直到我们以某种方式关心这件事情,否则我们不会把用拳头痛击鼻子的行为称为在道德上是错的。我们在思考那个用拳头痛击鼻子的行为时可能会有某些否定的态度,这种态度可能会让我们将该行为评价为错的。

考虑到这个背景,我们可以看出,当罗克将一种行为算作"对的"时,我们理所当然地认为罗克的情感态度参与了进来,并以某种方式对这种行为表示赞同。当罗克特做出反应,将这种行为算作"不对的"时,他是在提出意见,不同意罗克关于该行为的观点——他觉得他不赞同那种方式。他们口头上的争论表现出情感态度上的冲突。如果他们仅仅是在报道这种行为是否有某个属性,就不会是这种情形了。如果我们把罗克和罗克特之间的争论看作一种"意见不一致",那么这样的态度冲突可能是我们需要弄清楚的东西。道德实在论对罗克与罗克特二者所说内容的解释没为这种不一致留下余地。

情感主义

在哲学中将情感在道德说教中的作用发挥到极端是有所裨益的。发挥到极端的观点就是:道德评价是情感态度在言语上的流露。这就是说,道德评价完全与道德属性无关。情感主义者(emotivist)认为,根本不存在任何道德属性,因此它否定了道德实在论。

情感主义(emotivism)有一个优势。既然为了做出道德判断,道德属性不必存在,那么我们已经看到的道德实在论所遇到的问题就不存在了。无论在何处,道德属性都不是必然存在的,不管是在自然中还是在某种非自然的领域中。这很不错,因为我们很难发现任何看起来完全有资格胜任这项任务的属性。

简单的情感主义

根据情感主义的观点,当我们做出道德上的评价时,确切地说,我们是在做什么样的情感的事情呢?一个极端的想法是,我们没有说出任何真的或假的东西,我们仅仅是在发泄情感。一些情感主义者认为，例如，当我们称"教练"案例中柯特对莫特的嘲讽是"错的"时，我们是在使用词语对嘲讽产生的负面情感做出言语上的宣泄。我们以其他词语，比如像"嘘！"和"呀！"这样的词语也能毫无争议地做出这种事情。"嘘！"和"呀！"这些词语也可以被吸收进来以说明这种极端的情感主义。这种想法认为，我们称柯特的嘲讽为"错的"，更明确地说，其意思可以重述为这样的句子："柯特的嘲讽——嘘（hiss）[1]！"同样，我们说"监护人"案例中凯茜的安慰是"对的"，也可以明确地表述为："凯茜的安慰——哇（hooray）[2]！"我们并没有通过归属属性来为行为分类。我们没有谈及关于世界的任何部分的事情，我们的道德说教所做的事情就是让我们的情感宣泄出来。

一个改进：表达主义

上面是情感主义路径最简单的版本。但我们可以对此进行

---

[1] "hiss"在英文中是一种表达不满或不快的喝倒彩的声音，如"嘘——"。——译者注

[2] "hooray"在英文中是表示快乐或激动的一声欢呼，如"哇——"。——译者注

改进。首先,嘘声或欢呼会表达出一种粗略的反感或喜欢,而当人们进行道德说教时,他们常常不会感到这一点。情感主义不局限于依赖那样简单的感觉。情感主义者可以说,我们运用道德语言表达的是某种特定形式的同意和不同意,它们是严肃而认真的。

通过这种改进,情感主义者可以达到无情绪的道德说教。假定你告诉我:"为了巴尼好,在道德上,我应该提示他差劲的唱功,即使这会让他非常不快。"当你为了巴尼好而对这种伤害他情感的行为做出正面的评价时,你不会感觉到任何像欢呼那样的东西,情感主义者会同意这一点。他们可以援引更加微妙的正面或负面情绪。在这个案例中,你对告诉巴尼他的唱功差劲这件事的感觉,可能是某种觉得有点抱歉的赞同。

情感主义者更多地谈论了是什么让我们做出道德评价的,第二个改进就产生于此。这个改进将帮助他们的观点适应某些我们已经注意到的重要的东西,即道德随附性理论的非常合理的主张:道德源自自然。最初,道德随附性理论看起来不适合情感主义。情绪反应可能是非理性的。没有什么能保证我们道德说教事物的每一个自然副本都会让我们有同样的感觉。也许我们只是一时冲动,喜欢一些副本,不喜欢其他的副本。而情感主义告诉我们,没有同样的感觉,我们就不会做出同样的道德评价。道德随附性理论暗示，无论何时，在自然上相同的事物都必须在道德上相同。对于我们这些异想天开的人来说，非理性地对自然副本有不同情感反应的情况似乎是完全可能的，甚至是可以预料的。难道道德随附性理论不是在告诉我们，情感主义在这里发现的道德差异是情感主义所犯下的错误吗？

如果对情感主义做出以下补充，它们就不是错误的了。当我们真诚地和充分理解地做出道德评价时，道德评价就是在一定的基础上做出来的。当我们严肃而深思熟虑地称某件事为"对的"或"错的"时，这是因为我们认为它具有一定的自然属性，这些自然属性使我们有一定的情感态度。例如，在"监护人"案例中，让我们钦佩这种行为的，是某些像凯茜在安慰汤姆时体贴周到那样的东西。在"教练"案例中，我们谴责的是像柯特的冷酷无情和他在嘲笑莫特时不怀好意的讨好这样的东西。我们有一些那样的自然属性作为我们道德态度的基础。我们依靠这些基础，对任何我们认为具有相同自然属性的事物都抱有同样的态度。这样，道德随附性理论如此合理就不足为怪了。认真反思后，我们发现，似乎不会出现任何违反道德随附性的例子，因为在谨慎地使用道德术语时，同样的自然基础让我们有了同样的情感反应。根据补充后的情感主义，我们在做出深思熟虑的道德评价时正是在表达这种反应。

像这样改进的情感主义版本被称为表达主义（expressivism）。这个观点现在看起来很不错。然而，无疑，正如你所期望的那样，一些哲学家认为，表达主义有某些让人怀疑的不利因素。以下是其中的两个不利因素。

条件句困境

首先，当我们在伦理上做出评价时，我们不是仅仅迸发出一种孤立的评价性情感。有时候，我们用更加复杂的主张来判断对与错，而情感表达看起来似乎不够理性，不足以胜任这项任务。以下是一个对推理的说明，以及对其括号中的前提的合理辩护。

欺骗推理

前提1： 有的有意的欺骗性谎言在道德上是被允许的（比如，那些让将死之人免受巨大悲痛困扰的无害的谎言）。

前提2： 如果有意的欺骗性谎言有时在道德上是被允许的，那么有的不是谎言而是借口的有意的欺骗在道德上也是被允许的（因为有意的欺骗是说谎最坏的一面，而借口不会比它还坏）。

结论：有的借口在道德上是被允许的。

欺骗推理（Deception Reasoning）为自己适中的结论做了很好的辩护。表达主义者必须对其推理的合理之处给出解释。所有的伦理推理都对表达主义提出了挑战，仅仅因为它们是推理。如果道德评价是情感表达，不是关于事情真的是怎样的真假断言，那么我们怎么能对它们进行推理呢？难道不是推理让真理从真理中产生吗？对于不可靠的合理性，表达主义还欠我们一个解释。

表达主义者确实对此给出了一个解释。他们提出，我们关于道德的推理激发了我们派生的情感投入。与一般认为对真理的推理派生出真理类似，这种观点认为派生的是情感。注意到这个问题之后，让我们先不去管它，而是关注欺骗论证带来的一个深层次问题。

更进一步的问题就是解释像第二个前提，即前提 2 那样的复合道德句子是什么意思。表达主义者可以说，一个简单的道德断言，例如像前提 1 做出的那个断言，表达的是像这样的态度，即容忍有的有意的欺骗性谎言。但是，像前提 2 这样的条件性断言完成了什么情感表达工作呢？

值得注意的是，某个由衷地断言前提 2 的人不需要对有意的欺骗性谎言有什么特定的感觉。例如，萨莎痛斥那些谎言，因为她认为它们是让人憎恨的有意欺骗的例子。不过，她仍然承认，如果那种类型的说谎很好，那么有些借口有时可能也很好。在此基础上，她承认了前提 2 这个条件性断言。西尔维斯特是因为对所有的谎言持肯定的态度而肯定前提 2 的。他认为谎言给我们提出了挑战，让我们在智性生活中变得坚强。当西尔维斯特注意到，一些借口也以这种方式影响我们并有所助益时，他就肯定了前提 2 的断言。萨莎和西尔维斯特看起来是以完全不同的态度来肯定前提 2 的。看起来似乎没有一种情感态度可以给出前提 2 的意义。

表达主义者确实对"是什么态度给予了前提 2 意义"提出了自己的看法。一个主要的观点是，肯定前提 2 就是在表达如下复杂的情感态度：反对两种态度的结合，即对一些谎言的容忍和对一切有意欺骗的不容忍这两种态度的结合。那些像萨莎一样痛斥一切有意的欺骗性谎言并肯定前提 2 的人，应该准备将他拥有的那种复杂态度，与西尔维斯特那样喜欢所有谎言并肯定前提 2 的复杂态度统一起来。他们的情感使他们在这种方式上是相似的：他们都致力于反对两种态度的结合，即对有意的欺骗性谎言的容忍和对有意的欺骗的不容忍这两种态度的组合。

这个解决方案并非无可反驳。或许萨莎和西尔维斯特应该准备好去分享这个反对所持有的复杂态度，因为通过肯定前提2，他们在某种程度上坚持了这个态度。但是，对这个态度组合的否定态度是否真的存在于我们这些肯定前提2的人身上？我准备承认，即使在我说服自己肯定前提2后，这种态度对我来说似乎一点也不熟悉。我们这些肯定前提2的人是否都对这个态度组合有如此细致的态度，这让人怀疑。如果没有，那么对前提2提出的表达主义解释就是有问题的。表达主义断言，我们的道德说教有助于表达我们拥有的一些态度；它有助于在口头上发泄它们。但我们不能在口头上发泄我们没有的态度。

沉思

表达主义的第二个问题来自另一个可以由道德断言所扮演的心灵角色。假设我们只考虑说谎有时在道德上是对的这个断言。在进行考虑时，我们似乎只是把这一断言摆在我们的面前。我们只是冷静地关注它所提出的说法。当我们冷静地思考这个断言时，我们对说谎所持的情感态度可能会是什么？

表达主义者可以提出，这种思考带着一种疑问的意味。它可能会是我们可以用其他的语句说出的一种态度，比如，我们可以这样说："有些说谎情况，嗯——"但这一提议似乎仍然过于情绪化。为了考虑说谎有时是对的断言,我们根本不需要唤起任何感觉,甚至不需要对此感到疑惑。不需要任何轻微的好奇心或其他对它的感情,在我们心里就可以出现它。冷静的沉思就是没有感情上的投入。这就违背了表达主义告诉我们的道德断言表达我们的情感这个观点。很明显,我们可以在一个道德断言对我们的情感态度没有任何影响的情况下想起它。

错 误 论

我们还没有发现一种让我们很好地理解道德属性的让人完全满意的方式,不管是作为自然属性还是作为非-自然属性的道德属性。对于没有道德属性的道德说教,我们也没有找到一个让人完全满意的理解。我们还有什么选择吗?接下来将要考察的最后一个选择是错误论(error theory)。错误论认为,道德完全是一个错误。当我们进行道德评价时,我们是在试图说出关于世界如何的真理。我们是在对事物的道德状况做出断言。但是,并不存在道德属性来让我们断言道德真理。因而,我们总是处于错误中。

例如,下面是一个很难让人不相信的道德断言:

> 无缘无故地折磨无辜的人是错的；无缘无故地让无辜的人遭受折磨在道德上是错的。

尽管"无缘无故地折磨无辜的人是错的"这个断言很可信，但错误论表明它不是真的。在它看来，没有什么东西在道德上是错的。关于错误行为的断言对一种道德属性进行了归属，但并不存在可以让断言分辨出其真的任何属性。（我们将会简单地看一下为何不存在。）

难道错误论不正是在这里让自己陷入荒谬中的吗？因为它似乎肯定了对"无缘无故地折磨无辜的人是错的"这个断言的否定：

> 无缘无故地折磨无辜的人不是错的；无缘无故地让无辜的人遭受折磨在道德上不是错的。

然而，肯定"无缘无故地折磨无辜的人不是错的"这个观点似乎是荒谬的。百分之百确定那种极为不可宽恕的行为不是错的，这似乎是在维护一种丧心病狂的道德。

错误论的一个更加谨慎的版本并不肯定"无缘无故地折磨无辜的人不是错的"这个观点。这个版本认为，所有的道德断言，既包括像"无缘无故地折磨无辜的人是错的"这样的肯定性断言，也包括像"无缘无故地折磨无辜的人不是错的"这样的否定性断言，都预先假定了道德属性的存在。也就是说，所有有效的道德断言，不管它们说的是什么，都宣称这些道德属性是存在的。"无缘无故地折磨无辜的人是错的"默认了存在道德上的错误性（moral wrongness），同时明确肯定该属性描述的是无缘无故折磨无辜的人这种行为的特征；而"无缘无故地折磨无辜的人不是错的"默认了同样的东西，同时明确否定该属性描述了无缘无故折磨无辜的人这种行为的特征。错误论者心照不宣地指责了道德属性的存在，结果就是所有的道德断言都不是真的。因此，"无缘无故地折磨无辜的人是错的"与"无缘无故地折磨无辜的人不是错的"这两个断言都不是真的。

另一个版本的错误论确实肯定了"无缘无故地折磨无辜的人不是错的"这个断言。它认为，这种相关的折磨在道德上不是错的，因为没有什么在道德上是错的。这些错误论者强烈要求那些怀疑他们观点的人要谨慎。如果我们得知有人肯定了"无缘无故地折磨无辜的人不是错的"这个主张，我们就会预期，在肯定它的人心中也发生了其他的事情。我们预期，任何一个人都认为任何不是错的东西都是被允许的。因此，我们预期，任何肯定了"无缘无故地折磨无辜的人不是错的"这个断言的人，也认为任意折磨无辜的人在道德上是被允许的。然而，与这个预期相反，错误论者并不这样认为。他们反对这些观点。同样，他们说，没有什么在道德上是错的，也没有什么在道德上是被允许的，因为不存在那样的道德属性。

注意到错误论者明确否定的是道德评价，这会帮助我们看到错误论的合理性。这让他们在强烈反对各种可怕的行为，如任意折磨无辜的人的行为时始终保持一致。对于这种可怕的行为，他们能厌恶它，能憎恨它，能赞同对它进行严厉的惩罚，能甘愿为阻止它而死。错误论者只是不能对它进行始终一致的道德化。

是什么让错误论者确信道德属性不存在？在看事物时，他们发现，所有的所谓道德属性都向他们呈现出其童话般的一面。比如，考虑一下道德义务的所谓"属性"。错误论者认为，要使一种行为具有道德义务的属性，负有义务的人就必须服从一些无法避免的规则。这种规则必定是宇宙结构的一部分，不管这种行为是否实际上被实施了，都是宇宙的结构要求了这种行为。然而，在宇宙中，没有这种类型的要求。或许自然规律"要求服从"，但只有确实遵循了自然规律，它才这样要求。错误论者指出，任何其他类型的"宇宙不可避免的要求"都只是一种幻想。尽管如此，他们认为，正是这种幻想性的要求让我们将一些行为看成了道德义务。因而，错误论者得出结论说，不存在像那样的作为道德义务的东西。

类似地，一些错误论者声称，如果任何像善的道德属性那样的东西要存在，该属性就必须要让任何具有它的事物在本质上是有吸引力的。即它将会是对所有人都有吸引力的，不管他们有什么心理特征，也不管他们是什么出身背景。但是，没有什么东西如此令人无法抗拒。错误论者因此得出结论说，道德属性不存在。

错误论者宣称不存在道德上的真理。我们也许觉得，我们必须反对这个观点，因为它似乎让任何行为都合法化了，不管是多么骇人听闻的行为。但很明显，错误论并没有让任何行为在道德上合法化。它确实否定了可以在道德上反对任何行为。但是，它确实没有鼓励我们对任何所作所为都漠不关心。错误论允许我们在有充分根据的情况下赞同一些行为，也允许我们在有充分根据的前提下反对其他行为。行为是以无数种非道德的方式影响我们的——我们喜欢或厌恶它，受到它的鼓舞或因它而感到沮丧，爱它或恨它，等等，因而，在我们有很好的根据持有这些态度这一点上，错误论是前后一致的。

无论如何，即使错误论确实有一些危害性的可能后果，它或许也最终会被证明是道德形而上学中最合理的观点。不过，在接受它之前，我们应该先以批判的眼光来关注它。

错误论的错误之处

错误论的一个麻烦来自像"无缘无故地折磨无辜的人是错的"这样的断言的极端可信性。如果仅仅因为我们的内心突然强烈意识到像"无缘无故地折磨无辜的人是错的"这样的事情是真的，我们就相信这种事情，这是毫无道理的。即使我们对事实所做出的断言看起来非常真，它也完全可能出错。[1] 仍然可以有更好的理由来否认它。但是，如果长期以来，在大多数理性的人看来，一个断言与"无缘无故地折磨无辜的人是错的"一样几乎不可抗拒地是对的，那么在我们否认它的真之前，就有必要保持相当的谨慎。如果我们认为有些真理存在但已经被我们误解了，或者这些真理由于其实际上没有的含义而被指责，那么这就会冒很大的风险。

我们应该仔细研究一下，看错误论者如何捍卫他们对重大

---

[1] 对于本书现有的例子，可以思考一下我们在前面章节中讨论的关于自由、共相的一些完全不一致想法的强烈可信性。尽管这些想法对我们来说非常可信，但这些非常可信的想法中至少有一个是必定不为真的，因为它们是彼此冲突的。

的道德错误做出的惊人断言。正如我们所看到的,他们的主张是这样的:对于所谓的道德属性,如义务,要使该属性存在,需要具备让人难以相信的条件,例如,需要宇宙固有的规则所提出的要求的存在。显然,不存在这样的规则。

也许道德属性对错误论者来说似乎难以置信,因为他们夸大了这些属性的要求。例如,道德义务行为的存在是否真的取决于宇宙要求的存在?也许,说道德义务行为是被"要求"的仅仅意味着:我们必须在道德上履行任何道德义务行为。也就是说,如果我们不履行这些行为,那么我们采取的任何行动都是不道德的,必定如此。这与"要求"字面上的含义无关。它只是说,如果我们不做属于道德义务的事情,我们就必定在道德上失败。这里没有什么幻想。错误论认为道德是一个错误的观点可能会被这样的错误所削弱。

结 论

伦理形而上学很难。虽然这些重要的路径展示了一些前景,但它们都面临着麻烦。我们可能会觉得厌烦而放弃探究。但那可能会过于草率。首先,研究伦理形而上学是对我们心灵的拓展。例如，我们已经看到了一些很好的可能性。否则，我们可能不会注意到，一种行为可以既不是在道德上被允许的，也不是在道德上不被允许的。无论如何，道德的实在性问题对我们来说很有吸引力，也非常重要。所以，我们放弃对它的研究是不对的。在对这些问题的研究中，我们试图以形而上学的方式来理解伦理评价。

拓展阅读

要找到在此讨论的形而上学问题的进一步的读物，一个非常有用的资源是"斯坦福哲学百科全书"网站上的文章《元伦理学》（"Metaethics"），作者是杰弗里·塞尔－麦科德（Geoffrey Sayre-McCord），可登录该网站检索"元伦理学"词条查看。它的参考文献中包括了一些经典的图书和文章，还有很多其他资料。

第十一章

何为形而上学?

引 言

生物学是关于生命的，艺术史是关于艺术的。同样，形而上学是关于形而上学的。但形而上学是什么呢？我们能以某种具有更多信息的方式来确定这个主题吗？一些形而上学的例子可以给我们提供某些指导。在前面的章节中，我们考虑了10个主要的形而上学话题以及无数相关的形而上学问题。是什么让这些成为形而上学的话题和问题呢？下面我们来考虑一些可供选择的回答。

作为存在的存在

一种回答源于亚里士多德的著作《形而上学》(Metaphysics)。这部著作讨论了亚里士多德称为"第一哲学"(first philosophy)的那个研究领域。该领域看起来类似于我们的形而上学。亚里士多德告诉我们,第一哲学就是关于作为存在的存在(being qua being)的科学。这就是形而上学吗?

首先,我们必须弄清楚"作为存在的存在的科学"是什么意思。"科学"在这里的意思是理论性的知识。而将任何知识都算作形而上学知识是过于乐观的。就像我们已经看到的,形而上学中存在的争议十分显著,而建立起的结论却十分罕见(充其量!)。幸运的是,这种关于知识的乐观主义对于我们的目标来说没有什么危害。为了完成一个形而上学的追问,我们必须获得形而上学知识。但是,现在我们还没有确定什么是完成一个形而上学追问。我们仅仅确定了形而上学与众不同的主题。不管我们是否具有关于任何形而上学事实的知识,我们现在追问的都只是:是什么让一些事实成为形而上学事实的。

对于这个主题,我们最初从亚里士多德那里得到的答案是:"作为存在的存在"。有人这样解释这个答案:短语里的第二个"存在"确定了主题是存在,短语里的"作为存在"补充了形而上学强调的是一般的存在。它不是关于鱼的存在或关于任何21世纪的事物的存在。它是关于存在的一般本质的。因此,如果亚里士多德的"第一哲学"是形而上学,那么我们提议形而上学的论题即存在自身。形而上学不是关于任何存在的事物或事物在某种限制条件下的存在的,它纯粹是关于存在的。

存在的本质问题肯定是一个形而上学话题,而且是一个十分棘手的形而上学话题。对于什么是存在,说出任何关于它的信息都是极具争议的。一个关于存在的形而上学争论考虑的是存在是不是一个属性。为了弄清楚问题是什么,我们想象一个不存在的气球。想象任何你喜欢的仅仅是可能的气球。想象好了吗?好,现在想象那个同样的气球,但试着在给你正在想象的气球的所有属性外加上存在。你加上了什么呢?什么都没有!这样看来,存在并不是一个可以加上或去掉的独立的属性。不存在这样的东西。因此,一些哲学家由此得出结论说,存在根本不是一个属性。而其他哲学家则认为,存在是事物具有其他属性必备的特殊属性。存在已经包含在你想象的那个可能的气球中了。因为不管你如何想象它,你都必须想象它存在。这是一个关于存在本身的形而上学争论。

我们现在考虑的是存在是形而上学的主题这个主张。刚刚我们已经很粗略地讨论了一个关于存在的形而上学问题。但大部分形而上学问题不是关于存在的。实际上,在前面的章节中,我们已经反复看到了这一点。例如,时间的本质问题就不关注存在。而在是否每个事物都会命中注定如此这个问题的例子中,我们也不讨论存在。对自由意志本质的探究也没有研究存在。对自然的必然性和绝对的必然性本质的探究也同样如此。而共相是否存在这个问题虽然确实包含了存在,但它是关于共相的问题,没有关注存在本身。它的问题是共相是否存在,并没有考察存在的本质。而道德的属性是否存在的问题也同样如此。最后,人格的连续性存在这个问题也同样适用于这样的评论,它讨论的话题不是存在,而是在何种条件下同一性的人格能保持其存在,并不讨论存在实际上是什么。

因此,如果作为存在的存在是纯粹的存在,那么形而上学的主题就不仅仅局限于作为存在的存在了。

第一原理

对于什么是形而上学,下面我们来考察一个关于它的新观点。在亚里士多德的《形而上学》这部著作中,他告诉我们,其哲学关注的是第一原理和原因。对原因的讨论似乎更适用于自然科学,因此,让我们考虑一下形而上学就是关于第一原理的思想。将形而上学解释成第一原理,这与前面的观点相比是一个进步。在某种程度上,"原理"(principles)的复数形式承认了形而上学话题的多样性。

尽管如此,按照现在的情况,"第一原理"这个短语几乎是空的。这个原理在何种排序中是"第一"?存在许多第一原理,而形而上学的第一原理肯定不是房产中介的道德准则!可能人们会认为,形而上学原理在某种程度上是最基本的,因此它是第一位的。但现在我们必须要问:它以什么方式是最基本的?"基本的"(basic)有时是指"基础的"(elementary),但会计学最基础的原理当然不是形而上学。"基本的"有时是指"重要的"(important),但预防火灾的最重要的原理当然不是形而上学。接下来,我们会以第三种方式来考虑形而上学话题为何可能是最基本的。但不管我们将"最基本的"看作什么，对于原理所涉及的内容是什么，我们都需要额外的帮助。那些相关原理是关于什么的？"第一原理"这个短语并未真正指明它的主题。

表象与终极实在

让我们试着展开一种不同的思路。形而上学研究开始于最初的表象（appearance）。例如，我们已经考虑过的形而上学问题之一就开始于我们有时候可以自由地行动这个表象，而另一个问题开始于存在许多事物所共享的属性这个表象。我们其他的话题也都有其作为开始的表象。在日常生活中，这些表象几乎没有被质疑过。在形而上学中，我们进行了更深入的研究。当我们展开一个形而上学话题时，我们寻求超越表象。我们思考的是事物的真实所是，我们试图获知事情的实在。实在（reality）或许与最初的表象一致，或许会削弱表象。不管是哪一种情况，我们的目标都是发现终极实在（ultimate reality）。这表明，形而上学与众不同的主题是终极实在。

这种说法肯定有其正确之处。关于自由、属性等的形而上学事实确实包含了涉及这些话题的事物最终是如何存在的。表象不是结论，只有终极实在才给予我们关于这些主题的形而上学真理。

我们应该认真思考一下"终极实在"这个观点。假定某物是真的，它的存在不是虚假的表象而是真实的。那么有没有比这"更真实"从而是"终极"真实的事物？它是怎样真实的呢？一些事物在某些方面比其他事物更重要，但这并不能增加它们的实在。如果我们以这个角度来看待事物，似乎"终极实在"中的"终极"并未增加任何东西。每个现实的事物都如同事物得到的真实那样真实。

尽管如此，如果终极实在就是包含在现实存在的事物中的，那么对终极实在的探究也不能将形而上学与任何其他事实研究区分开。例如，在古生物学中，看似为真的化石其明显的性质并非不容置疑。只有真化石的真实性质才能提供古生物学真理。警察的刑侦工作也同样如此。关于犯罪的看似为真的事实不是刑事调查的目标。只有侦查到了真实的犯罪事实，才真正完成侦查工作。因此，关于终极实在的探究，形而上学并不是独特的。

终极解释

表象与实在的区分或许会让我们误入歧途。此外，对于何为形而上学主题中的"终极"，还有另外一种理解。这个观点就是，与形而上学相关的实在的各个方面都是"终极"的，这是因为，它们在解释中是最基本的。

与这个观点相对应的话题很多。首先，按照这个标准，这本书中所讨论过的所有话题似乎都有资格作为形而上学问题。为何有物确实存在，是否一切都是命中注定的，到底什么是自然的必然性与绝对的必然性，共相是否存在，上帝是否存在，等等，所有这些问题似乎都涉及解释实在的某些基本事实。对于自由的本质、人格同一性、物质构成、道德实在和时间问题也同样如此。相比之下，化石和犯罪看起来似乎具有更多的局限性，对解释实在来说不太基本。

但是，在关于基本解释的实在问题的研究中，形而上学可能不是完全唯一的。物理学呢？物理学研究的难道不是实在的基本构成以及用它们如何解释所谓的物理事件和物理条件吗？物理学解释看起来十分基本。

对形而上学是解释的基础这个观点的一个辩护性回应，提醒我们注意共享问题。这个回应是说，并不能因为这个话题也在另一个领域中被研究，就认为这个话题要被排除在形而上学之外。以这种观点来看，物理学确实包含了对形而上学问题，即实在的基本构成问题的研究。当我们在科学中探索这个问题时，它就是物理学的一部分，但它也仍然是一个形而上学问题。

然而，这种对形而上学是关于最基本的解释的这个观点的辩护，其自身就是有问题的。物理学家常常希望他们的工作与形而上学拉开距离。他们认为，自己做的是经验科学研究，而非形而上学研究。实际上，他们在做两种研究吗？不必然如此。或许物理学家没有在做形而上学研究，因为他们使用的是科学方法而非哲学方法。但他们是以科学的方式研究一个与形而上学家共享的主题。

这样，尽管由于形而上学与物理学的交叉引起了对其正确性的质疑，但我们还是拥有了一个颇具前途的提议。接下来，我们将会看到一个修正的版本，它避免了任何类似的麻烦，被证明是有前途的。但后面我们会看到，这两个版本都面临一个比较困难的问题。

基本的必然性与可能性

这个修正的观点认为，形而上学是关于最具解释力的基本必然性与可能性的。形而上学是关于什么是可能的以及什么是必然的理论。除去偶而为之，形而上学并不是对现实存在的实在的终极方面的解释的，而实际上是对那些不必然存在的实在的解释的。形而上学是关于一些现实事物的，这仅仅是因为任何必然的事物都必定成为现实的，而任何可能的事物都或许会成为现实的。这样，我们就可以说，物理学追问的是实在的基本构成实际上是什么的问题，而形而上学是关于什么是必然的以及什么是本来可能的。

这个新的观点可以让形而上学有其专属的主题。然而，这个观点自身有其问题。它似乎忽略了形而上学名下太多的东西。例如，我们是否实际上拥有自由意志的问题。按照这个新观点，回答这个问题似乎与回答自由意志必定是什么与自由意志本来可能是什么都是同样的形而上学问题。同样，为何有物存在而非一无所有的问题似乎是关于一个偶然事实的。然而，实际上，这个问题与其他任何问题一样都是形而上学问题。

新观点面临的这些麻烦可能最终会被证明是虚假的。很明显，按照现在的标准，这种排他的形而上学有其资格，因为毕竟已经表明它是关于可能性与必然性的。一个看似是要研究我们实际上是否有自由意志的哲学家，或许实际上不仅仅在研究这个，或许他实际上是在研究自由意志是否对像我们这样的存在是可能的。类似地，当哲学家考虑为何有物存在而非一无所有这个问题时，或许他们实际上是探究对一些偶然事物存在的某种可能的解释。当然，我们对自由、偶然的事物等的现实事实也感兴趣。但是，或许我们的兴趣还有更重要和更深入的方面，它在专业上是超出纯粹的形而上学的。

还有一个不同的问题，它源于"最具解释性的基础"这个短语。在对道德进行的哲学研究中，其中一部分是关于道德上正确的行为的本质的。许多哲学家都认为，这是在研究道德上正确的属性的本质。他们将这个问题直接看作伦理学中的问题，而非形而上学中的问题。然而，对解释来说，正确的行为的本质似乎与形而上学问题，如命运与自由意志问题同样根本。

但也许这对我们当前的阐述来说并非坏事。也许这是一个交叉话题的情况，道德正确性的本质的研究是一个伦理学内部的形而上学问题。

当我们考虑逻辑和数学上的发现时，问题似乎更糟糕了。这些形式事实似乎都是必然真理，对解释来说，其中一些似乎十分基本。首先，解释的逻辑——一种解释的理论与被解释的事实之间的关联，对于一个事物来说似乎是最基本的东西。当前的观点让这个关联成为了一个形而上学主题。这是令人怀疑的，因为它看起来似乎是属于逻辑的。

同样，这种异议或许不是结论性的。或许逻辑与形而上学也共享了这个主题，它们只是以不同的方式来研究这个主题。

然而，还有一个更加困难的问题。两个版本的解释基础的观点都将数学与逻辑的形而上学主题限制在那些在解释中起基本作用的领域中。然而，所有的数学与逻辑问题似乎都同样是形而上学的。这些领域研究的是那些诸如数之类的数学对象以及构成有效论证的那些逻辑特征。所有这些看起来似乎都可以称得上是形而上学感兴趣的主题。可能其中的一些主题由于其无穷无尽或令人惊奇而具有特殊的形而上学意义。无论如何，似乎决定它们是形而上学主题的，是它们凭借自己作为实体的吸引力，而不是它们在解释中所起的作用。但当前对形而上学主题的观点却与此相反，因此它陷入了困境。

总　　结

我们已经仔细考虑了形而上学的主题，但没有发现任何结论性的东西。好吧，这就是我们的哲学。哲学问题的这种顽固的悬而未决状态让那些喜欢研究既成问题的人感到很不满，而哲学家们却发现这种状态既引人入胜又颇具挑战性，甚至还令人感到欣慰（因为它们不太可能过时）。

最后的问题

我们在本章研究了什么？在某种程度上，我们对此十分明确。我们研究了形而上学主题的本质。但这种研究属于哪一种研究？尤其是，我们的话题是一个形而上学话题吗？[1]

我们很容易认为，这个问题的答案明显是肯定的。但是，我们应该注意的是，像我们的话题这样拥有形而上学话题的本

---

[1] 我们以这些问题结束了本章节的内容，并引出了最后一章要讨论的问题。

质并不让我们自动拥有一个形而上学话题。我们可以通过类比来看到这一点。物理学是关于物理世界的，因此可以肯定，物理学讨论的是关于物质的话题。但物理学自身是一个非物质的事物，或许这是因为它包含了一些抽象的命题，它们构成了关于物质世界的真理。如果是这样，那么物理学就是关于物质世界的，但却不是物质世界的一部分。

因此，如果我们把物理学自身的本质作为研究的话题，那么该研究并不自动具有一个关于物质的主题。类似地，我们本章对形而上学的探究或许会拥有一个非形而上学的主题。因此，我们应该追问的是，如果我们对形而上学话题进行研究的话题真的是一个形而上学话题，那它为何会是呢？而如果这个话题不是形而上学的，那么它是哪一种话题呢？

最后，我们现在已经处理了这些问题，那么现在我们话题的本质是什么呢？

拓展阅读

要更多地了解形而上学是什么，最好的方式就是更多地去了解形而上学问题。以下是一些关于形而上学问题的论文选集，其中有大量关于形而上学问题的论文。

W. R. 卡特（W. R. Carter）主编,《事物存在的方式：形而上学基础读本》(*The Way Things are: Basic Readings in Metaphysics*, McGraw-Hill, 1998)。

迈克尔·J. 洛克斯（Michael J. Loux）主编,《形而上学：当代读本》(*Metaphysics: Contemporary Readings*, Routledge, 2001)。

金在权（Jaegwon Kim）, 欧内斯特·索萨（Ernest Sosa）主编,《形而上学论文选》(*Metaphysics: An Anthology*, Blackwell, 1999)。

彼得·范·因瓦根（Peter van Inwagen）, 迪安·齐默尔曼（Dean Zimmerman）主编,《形而上学：大问题》(*Metaphysics: The Big Questions*, Blackwell, 1998)。

第十二章

元形而上学

元形而上学追问的是关于形而上学问题的问题，例如这样的问题：

"为何关注？"

形而上学不会帮你建造桥梁，不会帮你赢得选举，也不会挽救生命；那么，我们为什么还要关注形而上学问题呢？

"如何知道？"

形而上学家并没有指导他们获得真理的实验，只有脱离实际的反思；那么，我们如何知道形而上学问题的答案呢？

"有何不同？"

形而上学问题似乎与语义学看起来没什么不同，形而上学问题是关于实在的吗？还是仅仅是关于如何描述实在的？

实际上，这些问题是对所有哲学问题的追问。（因此，这一章或许也可以被称为元哲学。）为何如此？是什么使哲学问题如此成问题呢？

对此的回答是，哲学问题极为怪异！"我怎么知道我现在不是在做梦？""我们有自由意志吗？""善与恶的本质是什么？""上帝存在吗？""为何有物存在而不是无？"诸如此类的问题与我们平常提出的问题无任何相似之处。它们十分深刻、极其重要，但也非常抽象，让人难以回答。实际上，我们甚至很难知道怎样开始回答它们。哲学问题怪异的本质就是，首先，为何它们是哲学问题；其次，为何存在关于它们的困难（哲学的！）问题。

为何关注？

两千多年前，苏格拉底与他的学生柏拉图以及柏拉图的学生亚里士多德建立了现在的西方哲学。苏格拉底说，未经审视的生活是不值得过的，而且他最终选择了赴死而非放弃自己的原则。如果你有哪怕一丁点苏格拉底心中对精神生活的献身精神，你就能欣赏关注形而上学的主要理由，即纯粹智性上的好奇。

可以肯定的是，对于学习形而上学及其他哲学分支来说，还有一个更加实用的理由。由于哲学问题如此难以回答，哲学家就需要运用一些与众不同的、缜密的方法来回答这些问题。当读一部哲学著作时，不管是像本书这样的当代作品，还是像苏格拉底的对话录那样的经典作品，人们都会因哲学家把追问过程放缓而不知所措。而当苏格拉底的对话者争相提出他们发现的一些明显的结论时，苏格拉底的思考则更加谨慎，他仔细地区分不同，检查论证的每一个步骤。但苏格拉底这样做不仅是有意的，而且是大胆的和有力的。他关注的是问题的核心，而非一些细枝末节的问题。对于提出恰好正确的问题以取得进展，他有着不可思议的巧妙手法。研究哲学能教会你同样的智性上的审慎和力量；而一般来说，这对于生活都是有价值的。它不仅会帮助你更加清晰地思考经济学、物理学或者文学，可能在专业领域之外，它还有其巨大的作用。思路清晰和有力可以使你成为一个更好的投票人、更好的决策者和在各方面都更加明智的人。

但是，关注形而上学和哲学其他主题的最好的理由，是上面提到的苏格拉底式的理由：智性上的好奇。如果你是那种想知道关于你周围世界真理的人，如果可能，你会想知道关于自由、上帝、道德、时间与其他所有问题的真理。（或许你甚至想知道关于真理自身本质的真理——这是另一个形而上学问题!）没错，这是一个理想主义的动机。除了研究真理，生活中还有更多的东西；除了形而上学，生活中还有更多的研究对象。但是，形而上学问题是根本的、深刻的和深奥的。而它们如此困难这个事实让它们对献身真理的追求者们来说更加迷人。即使你没有像苏格拉底那样走得那么远，从而让生命打上追逐真理的烙印，但如果你关注真理，你或许会希望，在生活中有时间，仅仅为追问而追问。

如何知道？

我已经为寻找形而上学真理做出了辩护。但如果你没有发现某物的方法，寻找它就是没有意义的，而一些形而上学家就对发现形而上学真理持悲观态度。

他们的理由是，我们日常发现真理的方式在形而上学中不起作用。日常发现真理的方式极其依赖感官：视觉、听觉、触觉、嗅觉和味觉。有时候，我们运用自己的感官，比如，我们看看窗外来确定是否在下雨的时候；另外一些时候，我们依赖他人的感官，比如，当我们听天气预报或读书的时候。科学方法自身——包括形成假设和通过实验检验它们等方法——仅仅是运用人们感官的一种更为复杂的形式。

但悲观主义者接着说,使用感官不会让你在形而上学中获得什么。思考一下我们在本书中所讨论过的形而上学断言:

"没有什么事情本可能与其现在实际发生的那样有所不同。"

"上帝存在。"

"雕塑家做的雕塑不是一个新物体;它与雕塑家开始雕刻时所用的那块黏土是同一个物体。"

"无论你在何时拥有两个同样颜色的对象,也同样存在着第三个对象:前两个对象共享的颜色'共相'。"

我们很难知道如何运用我们的感官或实验来告诉别人这些或任何其他的形而上学断言是真的。以第一个断言为例。我们的感官能告诉我们实际上确实发生了什么,但它们不能告诉我们是否本来可能发生其他的事情。

不仅形而上学很难用感官来裁决,哲学总体上同样如此。以伦理学为例;我们如何运用自己的感官来判定什么是对的、什么是错的，或者何为善、何为恶？

"如果你一开始没有成功，就对成功重新下定义。"——或许，对哲学断言说出的东西，如果我们的想法有所改变，就会更容易判定这些断言是否为真了。例如，如果"谋杀是错的"说的只不过是大多数人都反对谋杀，那么我们就很容易分辨出谋杀是不是错的了：只要调查一下就行。

根据以"重新定义成功"的方式来对这个问题进行重新定义的思路，只有当有人对哲学断言所说的做了浮夸的假定时，哲学断言才会看起来难以评价。是的，如果关于道德的断言（例如，谋杀是错的）是关于行为的客观标准，独立于人类的所做、所说和所感，那么获得道德真理的目标实际上将无法达成。但是，如果我们将道德拉到地面上来，把它理解成仅仅是关于我们的（以及我们的所做、所说和所感的），那么，我们就能得到关于它的真理了。通过重新定义成功，我们就能让成功变得可能。

在形而上学中，热衷于重新定义成功的人或许会这样说：

"某事本可能以不同的方式发生"说的只不过是我们可以想象它以不同的方式发生。"上帝存在"只不过是说，人们相信上帝。"雕塑与大块的黏土是相同的"只不过是说，把它们看作相同的与我们的目的相符合。"红的共相存在"只不过是说，有些物体是红色的。而我们通过使用感官和做实验，就能够说明我们能否相信事情以不同的方式发生，或者人们是否相信上帝，或者将雕塑与黏土当作相同的物体是否与我们的实际目相符合，或者是否有物体是红色的。

通过将形而上学断言拉回到实际生活中，我们就很容易断定它们是否为真。

但是，实现重新定义的目标是没有什么价值的。你最初的目标如何了呢？它依然在那里，等着我们去实现。即使我们同意对错问题仅仅是关于大部分人反对的事情的（因此很容易回答），也仍然存在怎样断定哪类行为（如果有）是客观上被允许或被禁止的。类似地，即使"本来可能发生""上帝存在"等所言的日常含义与重新定义论者所认为的一样寻常，仍然会存在困难的问题，即怎样确定那些更高等级问题的答案。例如，即使"上帝存在"的日常含义很简单，就是人们相信上帝（这是关于日常含义的一个奇特的断言；但我们先对此不予理会），我们肯定能问一个更高等级的问题，那就是，是否有某个全能的存在者创造了整个宇宙。这个更高等级的问题依然在那里，等着我们去回答。而且可以确定的是，它们实际上是形而上学首先要处理的问题。

如果这些更高等级的问题没有意义呢？如果是那样，寻常的问题就成为我们唯一可以问的问题，重新定义成功看起来就不会那么没有价值了。（否则，不管如何，它可能会是生活中一个可悲的事实。）逻辑实证主义者（logical positivist）是20世纪早期流行的一个学派的哲学家。根据他们的观点，提出无法用感官回答的问题是无意义的。为什么？这是因为逻辑实证主义者所接受的句子的含义是什么的断言。他们声称，句子的含义就是你能运用感官说出句子是否为真。假定这个断言是正确的，如果你不能运用感官说出"谋杀是错的"为真，那么"谋杀是错的"这个句子就是无意义的——它不会比那些无意义的音节好到哪儿去。因此，按照逻辑实证主义的观点，重新定义过的、更寻常的问题是唯一有意义的问题。更高等级的问题是无意义的，因为它们不能用感官来回答。

在某种意义上，逻辑实证主义者很虚伪。我们看一下他们关于句子无意义的断言：

C：不能被感官判定的句子是无意义的。

他们到处指责别人做出那些不能被感官判定的断言，但他们的断言 C 却是不能被感官判定的！毕竟，就像逻辑实证主义者指责别人所做出的断言一样，C 也是一个哲学断言。现在，虚伪成了一件很有意思的事情，因为就连虚伪者的建议也可以是正确的。一个虚伪者可以说"按照我说的做，不要按照我做的做"；虚伪者说的是，要去做的事情也许恰恰是我们应该做的事情，尽管虚伪者没有在做它。但在此情况更糟糕了。逻辑实证主义者不仅虚伪，而且他们的断言 C 是不可能为真的。因为，假定它是真的，那任何不能被感官判定的句子都是无意义的（这就是 C 所说的）。但如果是这样，由于 C 自身不能被感官判定，那么 C 也是无意义的。但如果 C 是无意义的，那么它就不是真的，这就与 C 是真的这个假定相矛盾了。因此，这个假定不能是真的，因此 C 不是真的。

对成功进行重新定义并没有让我们找到问题的答案；我们需要更好的解决方法。一个好的开始是，我们看到，悲观主义者对怎样知道什么是真的做出了过于简单的描述。运用感官仅仅是事情的一部分；推理是另一部分。例如，数学家就是通过运用"脱离实际"的推理得到其结论的。尽管他们运用铅笔和纸张来帮助自己记住步骤，但从原则上讲，这些辅助并不是必要的；做数学可以完全不运用感官。

另一个推理的例子就是运用逻辑：从前提推出结论。科学家们时时刻刻都在运用逻辑。他们运用科学的方法，形成假设并用实验来检验它们。但是，科学假设不能直接通过做实验来验证。倒不如说，科学家是运用逻辑从假设中推断出预测，然后再用实验来检验其预测是否正确。例如，在著名的卢瑟福（Rutherford）金箔实验中，击中薄金箔的 α 粒子的反弹模式支持了如下假设，即原子的质量很大程度上集中在它的核中，而不是均匀地扩散到整个原子中。实验并没有直接告诉科学家关于原子的任何事情，因为原子太小无法观察到。相反，他们观察到的是分散的模式；他们是运用逻辑来推出，如果一个原子的质量是均匀分布的，就不可能发生这样的模式。

最后一个我们需要运用推理的例子也来自科学。一个实验可以告诉我们，某些假设是不真的，因为它与我们从这些假设中推断出来的预测相矛盾。但是，总体上说，不管我们做了多少实验，仍然有很多假设存在。卢瑟福金箔实验中的分散模式排除了质量在整个原子中均匀分布的假设，但并没有确切地证明质量集中于原子核这个假设。实际上，科学家确实认为，这是从证据中得出的最合理的结论，但在这样做时，他们运用了推理。我们可以用一个荒唐的例子来进一步说明这一点。当我在看并似乎看到一只猫时，我感官上的证据与一系列假设是一致的。这不但与我在看一只猫的假设是一致的，而且与我梦见有一只猫、我正在看一个伪装成猫的机器人等假设是一致的。即使我做了进一步的"实验"，比如，掐自己、解剖猫等，仍然会有多种假设与结果一致：我可能在梦中正在掐自己，可能有人在我解剖之前就偷偷地用一只真正的猫代替了机器猫，等等。这些可选的假设越来越牵强，但这只是说相信它们是不合理的。而我们的感官本身并没有告诉我们这些荒谬的假设是不真的；我们需要用推理来证明这一点。

因此，在科学和日常生活中，我们获得真理的方式并不像仅仅使用我们的感官那么简单，而是运用我们的感官和运用理性的结合。这就为形而上学打开了大门。如果我们有运用理性的能力，也许我们可以在形而上学领域运用这种能力。

我们不能保证推理在形而上学中会像在数学、科学或日常生活中一样有效。也许推理是为某个领域构建的，在其他领域无效。进一步说，它不必完美地起作用，从而让形而上学值得去研究；如果我们有一些获得真理的希望，那就足够了。毕竟，我们从一开始就知道，哲学问题是困难的；这就是使它们成为哲学问题的部分原因。如果推理能让我们从无根据的猜测上升到对形而上学问题的合理推测，这仍然是一种进步。

有何不同？

想象一下这个争论：教皇是不是单身汉，或者马天尼酒也可以用伏特加调制还是仅仅只能用杜松子酒调制。这些争论只涉及语词。每个人都同意以下事实：教皇是一个未婚的成年男性，但由于他的身份，他没有资格结婚；一些马天尼酒是用伏特加和苦艾酒调制的，另一些是用杜松子酒和苦艾酒调制的。唯一的问题是，在描述这些事实时怎样使用"单身汉"和"马天尼"这两个词语。我们对现实没有异议，仅仅对如何描述现实有异议。

有些人认为形而上学争论就是这样的。在第一章，我们讨论了约翰·洛克的例子。在那个例子中，王子和鞋匠两个人的整个心灵被互换了。关于交换后鞋匠身体中的人是原来的王子还是原来的鞋匠这个问题，洛克不同意时空连续性理论捍卫者的观点。但根据一些人的观点，这只是关于"同一个人"（identical person）这个短语的争论，而不是关于现实的争论。毕竟，每个人都同意王子和鞋匠身体里的人每时每刻都是如何看、如何行动和如何思考的。每个人都同意，后来在鞋匠身体里的那个人在时空上与原来的鞋匠相连续，在心理上与原来的王子相连续。因此，根据一些人的说法，在这里，每个人都同意现实是怎样的；唯一的问题是，是用"后来的鞋匠和原来的王子是相同的"还是用"后来的鞋匠和原来的鞋匠是相同的"来描述这种情况。

很明显，关于教皇和马天尼酒的争论仅仅是关于语词的。其他争论显然是关于现实的，比如，关于恐龙为什么灭绝的争论。我们怎样才能判断一个争论是关于现实的还是仅仅关于语词的？实际上，这很难做到。我将通过谈论空间和时间来说明这一点。

假设，当我在电话中与在地球另一端的朋友黛安娜交谈时，我指着我的脚说："那是下方。"黛安娜指着天空——因此是同一个方向——说："不，那不是下方，那是上方。"我们是对现实有争论吗？当然不是。"上"的意思是，相对于你所在的位置，远离地球中心；"下"的意思是，朝向地球中心。黛安娜和我都指着的方向对我来说是上方，对她来说是下方；不存在客观的上或下。

我们用画图的方式来思考。如果我必须画一幅我和黛安娜的图，我会这样画：

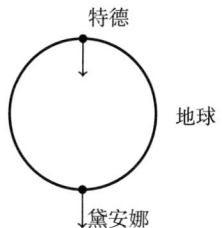

而黛安娜则会这样画：

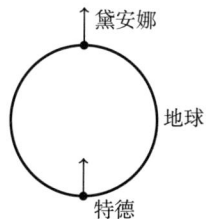

但这两张图是一样的；如果你把我的图旋转180度，从黛安娜的角度来看，我的图就和她的一样。图片总是从一定的角度来看的，所以它们总是包含一些不属于客观现实的信息，比如，哪个方向是上、哪个方向是下。

方向是我们看事物视角的一个要素，另一个要素是位置。还记得高中时学过的笛卡尔直角坐标系吗？在直角坐标系中，（二维）空间中的每一个位置都用一对数字来表示：一个数字表示沿着水平轴（x轴）的位置，一个数字表示沿着垂直轴（y轴）的位置。任何直角坐标系都需要对原点，即点（0，0）的

位置做出任意选择。改变原点不会改变直角坐标系所代表的现实。例如,这两个图表示同一个圆:

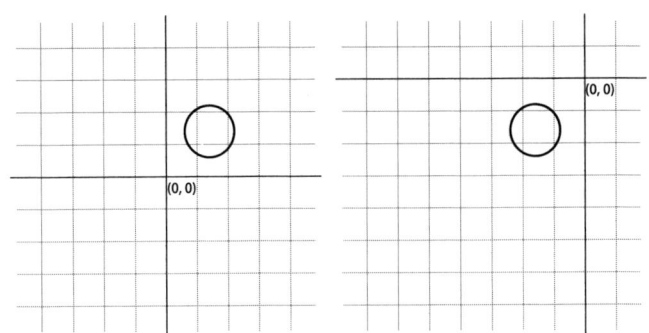

唯一的区别就是原点移动了。我们可以把原点想象成在公共场所的地图上标出的"你在这里"的标记。原点表示"这里",即在场者所在的位置。就像在空间中不存在客观的上和下一样,也不存在客观的这里。

上、下和这里不是客观的空间特征。它们不是建立在空间中的;相反,它们反映了我们对空间的看法。另一方面,其他空间特征是客观的;想想形状和相对大小。地球客观上是一个(近)球体;我客观上比跳蚤大。[1] 但对于其他空间特征,我们

---

[1] 实际上,这个问题有点复杂。例如,根据狭义相对论,它们是四维的,而不是客观的三维的形状。

尚不清楚它们是建立在空间中的，还是仅仅是相对于我们的视角的。是否有绝对大小，还是大小总是相对于视角的？我比跳蚤大、比大象小；但有没有像我的绝对大小尺寸这样的东西？这里有一个思想实验：假设我们把宇宙中所有东西的大小都增加一倍。这将不会改变任何相对大小，因此，如果没有绝对大小，这个过程就什么也没有做。这就像在直角坐标系中移动原点的位置：它改变的是我们如何表示事物，而不是改变事物自身。但如果有绝对大小之类的东西，它们就会被改变。（不过，没人会注意到！——我们用来测量大小的仪器也会加倍。）把每个事物的大小扩大一倍是否会产生客观上的不同，这并不明显。是否会产生客观的不同，这或许是一个关于空间大小性质的困难的形而上学问题。

这里还有一个困难的形而上学问题，它是关于时间而非空间的。想象一下，有一个遥远的星系，连任何微观物理学的细节都与我们自己的银河系完全相同，除了一个重大的区别，这个区别就是：一切都是按照相反的顺序发生的。在这个星系中有一颗行星，就像地球一样，但其中的事件是向后运行的。在这颗行星上有一个人，我们可以称之为"德特"，他的生活就像我的生活一样，只是颠倒了。在我看来，德特的出生是在他死之后发生的。但德特在他的死发生之前经历了他的出生。例如，他的记忆是他更年轻时候的记忆，而不是更接近他死亡时候的记忆。因此，德特不同意我的说法，即德特的出生是在他死之后；德特会说，他的出生是在他死之前发生的。我们的分歧是关于现实还是关于语词的？是否有一个客观的前和后，还是前和后与上、下和这里一样：它们在某种程度上是相对于观察者或视角的？

在更进一步之前，我需要解释物理学中的一个概念——熵（entropy）。熵大致意思是"无序"。假设你有一瓶红色气体，你把它在房间的一个角落释放出来。气体可能会保持不变，但更有可能会逐渐扩散到整个房间。在整个房间的扩散是熵的增加。或者假设你掉落了一个花瓶，它碎了。这也是熵的增加。物理学说，熵往往会增加；在任何人曾经观察到的所有日常过程中，熵确实会增加（我的意思是，在时间的正向方向上增加）。房间角落里的气体总是会散开；散开的气体从不自发地集中在房间的某个角落。掉落的花瓶总是会碎掉；散落的瓷器碎片从来不会自发地跳起来，形成一个完整的花瓶。但是，物理学说，熵的减少是可能的——尽管令人难以置信，非常不可能发生。气体可能会自发地集中，破碎的碎片可以形成花瓶。物理学甚至允许，在整个星系中，熵总是会减少，尽管这种可能性令人难以置信地微乎其微。而我在上一段中想象的星系正是熵总是减少的星系。碎片重新构成花瓶，气体集中而不是扩散——一切都是相反的。

现在我们回到前和后是时间的客观特征还是仅仅是相对于我们视角的这个问题。一些哲学家（和物理学家）说，未来不存在客观的东西。他们说，"未来"只是意味着：向着熵增加的方向。如果这种观点是正确的，如果熵在某些星系中向一个方向上增加，而在其他星系中向另一个方向上增加，那么哪个方向算作未来取决于你的观点——这取决于你在哪个星系。因此，我和德特在德特的出生是在他死之后还是在他死之前的异议不是关于现实的争议。相对于德特的星系来说，他的出生是在他死之前，但相对于我们的星系来说，他的出生是在他死之后。其他人不同意这个观点。他们认为，过去和未来是客观的，就像形状和相对大小一样是建立在现实中的；他们拒绝未来只是熵增加的方向的想法。他们认为，事实上，每件事情都有可能以相反的情形发生，因为这仅仅会是一个在时间真的向前的方向上熵总是在下降的世界。（就像所有东西都加倍的例子一样，没人会注意到。）但另一方面，如果未来只是熵增加的方向，那么事情正常发生和所有事情都绝对相反地发生之间就没有任何区别。这只是描述同一现实的两种不同方式。它们就像用直角坐标系来表示美国城市的两种方式，一个坐标系以宾夕法尼州的费城为坐标原点,另一个坐标系以康涅狄格州的哈特福德为坐标原点。

德特和我对他的出生是在他死之前还是死之后的分歧是关于实在还是语词的分歧呢?如果有一个客观的未来和过去——如果过去和未来的区别建立在实在中——那么我们的争论是关于实在的。如果不是——如果未来只是熵增加的方向——那么我们的争论只是关于语词的;这取决于我们是用他的视角还是用我的视角来定义"前"和"后"。但注意一下这是什么意思。它的意思是说,我们的争论情况——它是关于实在的还是关于语词的——本身取决于实在的本质。因此,我们的争论不是关于语词的!它取决于时间的性质,取决于之前和之后的区分是否建立在时间中,而这是一个关于实在的问题。

其他形而上学争论也有类似的情况:这些争论是关于实在的还是关于语词的,取决于实在而不是语词。洛克关于鞋匠和王子的问题是关于实在的吗?这取决于实在的性质。更确切地说,这取决于事实在多大程度上成为实在的一部分:关于人格同一性的事实成为了实在的一部分,还是没有被纳入实在之中?在一些人看来,关于时间流逝中的同一性,建立在实在中的唯一事实就是关于最小物质的事实:亚原子粒子。宏观物体——人、桌椅、行星、星系……——在时间流逝中的同一性只不过是某些类型的连续性的呈现（就像，有人说，未来只不过是熵增加的方向）。如果这个观点是正确的，那么洛克的问题就只是关于语词的；它只是关于短语"人格同一性"表示的是哪种连续性的。但是，另一方面，如果时间流逝中的宏观对象的同一性事实是建立在实在中的——如果事情是这样，即宏观物体客观地在时间的推移中保持同一——那么洛克的问题就是关于实在的。它就是关于客观的人格同一性是与心理连续性相关联的还是与时空连续性相关联的问题。

我们如何判断有多少事实是建立在实在中的？我们如何判断是否存在客观的未来和过去，或者是否存在客观的人格同一性？这些只是更加形而上学的问题。就像其他形而上学问题一样，它们很难回答，但通过运用理性，我们至少可以得出关于真理的训练有素的猜测。并且这种真理关系到实在的本质，而不仅仅是关于我们如何描述它的。

结　　论

在哲学史上，每隔一段时间，都会有人来论证哲学在某种程度上是空话。有时人们说它是空话是因为没有理由去关注它，有时人们说它是空话是因为我们没有方法去知道它，有时人们说它是空话是因为它对现实没有任何影响。但是，回答奇特的——难以回答的和抽象的——问题，只是对哲学家工作的描述。抱怨它就像一个长跑运动员突然抱怨赛程有多长一样。哲学家们正在进行一种也许是古怪的探索，正在试图以一种受过训练的和理性的方式回答特殊而深刻的问题。也许我们永远不会成功，但看起来似乎值得尝试。

尽管哲学很特殊，但它的存在并不奇怪。因为我们会检验我们的日常概念界限，检验我们寻求真理的一般方法的界限，这是很自然的。真正让人觉得奇怪的是，是否无论我们如何转换和转变日常概念和方法，它们还是运作得非常顺利。毕竟，它们可能是为了应对特定环境下的具体挑战而发展的——帮助我们获得成果和远离危险——而世界比这些环境范围要大。

关于形而上学的本质，甚至关于所有哲学，都存在非常真实的问题。这不是研究主题的缺陷。这是哲学家们渴望回答的那种问题的必然结果。

拓展阅读

柏拉图（Plato）的《申辩篇》（*Apology*）描述了苏格拉底被判死刑的审判，其中包括了苏格拉底的名言："未经审视的生活是不值得过的。"

大卫·休谟（David Hume）《人类理解研究》（*An Enquiry Concerning Human Understanding*）第三部分第十二节中有一个关于我们不能理解形而上学真理的著名论证。一个非常值得一读的英译本可以在"近代早期文本"（Early Modern Texts）网站查询到。

A. J. 艾耶尔（A. J. Ayer）的著作《语言、真理与逻辑》（*Language, Truth and Logic*, Victor Gollancz Ltd, 1936）为逻辑实证主义进行了辩护。

劳伦斯·邦茹（Laurence BonJour）的著作《为纯粹理性辩护》（*In Defense of Pure Reason*, Cambridge University Press, 1998）论证道，要得到知识，除了感官，我们还需要理性。

本章第三部分的问题（"有何不同？"）在我的著作《书写世界之书》（*Writing the Book of the World*, Oxford University Press, 2011）第三、四章进行了深入的讨论，但这些章节相当专业。

我在前面说过,哲学家通常不做实验;但最近出现了一个"实验哲学家"群体,他们使用社会科学的实验方法来发现"普通人"(即非哲学家)通常是如何相信各种哲学问题的。关于 X,人们相信的东西在总体上与关于 X 的真理无关;但有时候有间接的关系。例如,如果我了解到关于 X 的信念是系统地随着文化的变化而变化的,那么我自己就会非常小心谨慎,出于很好的理由相信 X,而不会简单地由于文化惰性而相信它。另外,在一些情况下,关于 X 的真理或许部分地包含了普通人对 X 的信念(回想一下我们对"重新定义成功"的讨论)。乔舒亚·诺布(Joshua Knobe)和肖恩·尼科尔斯(Shaun Nichols)主编的《实验哲学》(*Experimental Philosophy*, Oxford University Press,2008)是一本我们更深入地了解实验哲学运动的著作。

致　谢

　　哲学是一项持续的和协作的项目，每位新的哲学家都为哲学增加了新的内容。我们感谢那些哲学家，我们已经描述了他们的工作。我们也感谢那些通过评论给予我们帮助的人：弗兰克·阿恩岑尼厄斯（Frank Arntzenius）、马克·布兰德（Mark Brand）、西莫尔·费尔德曼（Seymore Feldman）、西蒙·凯勒（Simon Keller）、艾丽斯·科勒（Alice Koller）、内德·马尔科西恩（Ned Markosian）、克伊·马斯伦（Cei Maslen）、萨拉·麦格拉思（Sarah McGrath）、丹尼尔·诺兰（Daniel Nolan）、罗恩·赛德（Ron Sider）、布罗克·塞兹（Brock Sides）、索尔·斯米兰斯基（Saul Smilansky）、玛丽·廷蒂（Mary Tinti）、加布里埃尔·乌斯基亚诺（Gabriel Uzquiano）、布赖恩·韦瑟森（Brian Weatherson）和其他一些匿名读者。感谢弗兰克·阿恩岑尼厄斯和塔马·根德勒（Tamar Gendler）对本书标题的建议。西奥多·赛德要感谢弗雷德·费尔德曼（Fred Feldman）于 1990 年在马萨诸塞大学哲学入门课程中关于自由意志的讲座，这对写作第六章有很大的帮助，并要特别感谢伊丽莎·布洛克（Eliza Block）、塔马·根德勒和吉尔·诺思（Jill North）对他所写章节所做出的大量评论。